西部 邁 自死について

富岡幸一郎 編著

アーツアンドクラフツ

まえがき――「死」を超えた問いへ

富岡　幸一郎

本書は、本年（二〇一八年）一月二十一日に自裁した西部邁の遺した多くの著作（共著等をふくめれば優に二百冊はこえる）のなかから、「死」をめぐる論稿を選び編集したものである。『西部邁死生論』『国民の道徳』『ファシスタたらんとした者』『妻と僕――寓話と化す我らの死』『生と死、その非凡なる平凡』からとった。

著者が五十五歳のときの『西部邁　死生論』は一九九四年に書き下ろしで刊行されているが、ここには西部邁の「死」あるいは「自死」についての考え方のほぼすべてが既に表われている。一九八八年三月、人事問題のもつれをめぐり東大教授を辞任した西部邁は、専門の社会経済学の枠組をこえて活発な評論活動を展開していったが、一九九四年という年は、月刊のオピニオン誌『発言者』を刊行し自らの言論の拠点とした重要な転機の年となった。評論家として、また七十八年のその人生においても最も意気盛んな時期であり、その旺盛な言論活動の中心部において『死生論』は執筆されている。つまり、西部邁において「死」を物語ることは文字通り「生」の充溢を語ることであり、人間にとって「死に方」はそのまま「生き方」に結びつくという信条が、ここにはある。

西部邁について語るとき、生前もそしてこのたびの自裁後も「保守」の論客といった形容がまとわりつく。もちろん西部邁は一九四五年の敗戦・占領以降のこの国の戦後という時代において、また自由と進歩と革新こそが大切であり価値があるとされてきたこの近代の文明社会のなかで、その急性的な近代主義を批判し、伝統や歴史意識の自覚をうながした点で貴重な特筆されるべき保守思想家であった。しかし、「保守」という用語に、政治的な「左翼」や「右翼」という意味を当てるならば、西部邁はいわゆる「保守」の論客ではない。本人がことあるごとに書き語っているように、「左翼」というタームは社会主義・共産主義の思想や政治体制を本来指すのではなく、その原点はフランス革命期の議会におけるジャコバン派などの政治や社会や文化をラジカルに急進的に変革してしまおうという勢力から生まれている。その意味では、アメリカニズム（グローバリズム）もふくむあらゆる近代主義は「左翼」思想なのであり、西部邁はこの現代を覆いつくす「文明の危機」に対峙した稀有な「保守」思想家であった。しかし今、その死後に西部邁をあらためて「保守」の思想的立場から云々することを、少くとも私はしたくはない。それは遺された著作を熟読すればよいとさえ思う。本書を編んだ理由もそうであるが、私はむしろ西部邁という存在を、日本においては極めて少数の哲学者として再評価、いや発見してみたいのである。

ただしここでも「哲学」という用語は誤解を招く。明治近代化以降のこの国において哲学といえばそのほとんどがドイツ近代哲学の影響下にあったからだ。西部邁はいかなる点でも、この近代日本人の「哲学」とは別流の哲学者であった（詳しくは巻末の拙文「自死の思想」を参照いただければよい）。

では、どのような意味で西部邁は哲学者であったのか。それは次のように明解に言い切ることができるということである。

《真に重大な哲学上の問題はひとつしかない。自殺ということだ。人生が生きるに値するか否かを判断する、これが哲学の根本問題に答えることなのである。それ以外のこと、つまりこの世界は三次元になるとか、精神には九つの範疇があるのか十二の範疇があるのかなどというのは、それ以後の問題だ。そんなものは遊戯であり、まずこの根本問題に答えねばならぬ》（アルベール・カミュ『シーシュポスの神話』清水徹訳）

今日の「文明」の恐るべき進化は、人間の実存、そして存在そのものを取り囲み、テクノロジスムとイノベーションという名の「近代主義」は果てしない病理と危機をもたらしている。人間の死そのものさえ、この「近代主義」によって蹂躙され、病院などでの人工死は既に「天」や「神」の領域をも侵している。また人工知能（AI）の進化は、あと十年もすれば人間の「勤労」という価値を奪い去っていくであろう。この激変の時代にあって、まさに「真に重大な哲学上の問題はひとつしかない」のである。西部邁はこの「問題」に生涯の思索を通して向き合い、「生き方」において実践し、「死に方」によって答えを出そうと試みた。おそらく本書は、われわれに「人生が生きるに値するか否かの判断」を、ひとつの「根本問題」として呈示してくれるであろう。西部邁自身の「死」を超えて。

目次

装丁　芦澤泰偉

第一部

自死について

死の意識

　私は戦後に育った人間であり、それゆえ、死の問題に直面した経験が極度に少ない。死と、少なくとも死という想念と、縁遠い世代に属しているわけだ。それでも敗戦の年に小学校一年生の六歳ということは、文字通りに戦後世代の第一期生ということであるから、私は戦争における死臭がまだ漂っていたのを覚えている。硝煙のにおいのなかで物心ついただけに、戦後育ちのなかでは、死の問題を精神的というよりも生理的にいくぶん多目に引きずらざるをえないのが私の場合だといってよい。そのことだけが、私が死について発言する資格のようなものである。

　ただ、少し居直って自分に第二の資格はないものかと勘定してみると、戦後、社会が物質的に豊かになり、人間が長寿を享受できるようになったということそれ自体が、私のうちに死の想念をふくらませたという事情を挙げることができる。つまり、人生に余裕ができ、あくせくと働かなくてもいいものだから、一方では、死の危険を忘れがちになってしまうのだが、他方では、自分が差し迫った状況に追い込まれていないということを確認するたびにかえって、死について、感じることは少ないとしても、かなりしつこく考えてしまうということになるのである。

古代中国の昔から、不老長寿のイメージにすがった人間がたくさんいたようである。かつて、人びとの生涯は短く、いつ死ぬかわからなかった。人生は危険で儚《はかな》いものと人の心に映っていた。そのように生きることそれ自体のうちに切実な危機感が宿るとき、それへの反動として、不老長寿であったなら人生いかに楽しかろう、というふうに想像することによって死のイメージを払拭《ふっしょく》しようとしたのであろう。

しかし、戦後の日本に起こったのは逆の事態である。人びとはいつまでも生きられるかのように思いなして生きている。不老長寿がイリュージョンではなくてリアリティになりおおせている。実際には、生涯の長さはどんなに引き延ばしても百歳くらいのもののようであるが、その百歳の状態はあまりにも遠方にあり、それを私たちはリアルに思い浮かべることができない。その結果、ずいぶん遠い先まで命があるものだと思ってしまう。そして、死という人生の果てが遠のけば遠のくほど、不老長寿について感じるのではなく、いわば無限遠にある得体《えたい》の定かならぬ死について、あれやこれやと考えてしまうし、考えるための時間的余裕も与えられている。これが私が死について語りうる第二の資格ということになるわけだ。

さて、そういう弱い資格にもとづいて、他愛のないわが人生の航路において、いったいどういう死との交錯があったのかを振り返ってみよう。

私に物心がつきはじめたとき、戦争は終わっていた。しかも札幌近郊であったから、死屍《しし》累々《るいるい》という、広島・長崎そして東京の人びとならば見たであろうような光景には、私は接していない。

私が見たのは、間接的で曖昧な死の光景ばかりであった。たとえば、仏門のあたりに生まれたため、私の家の隣には親戚の寺があり、その裏手にはむろん墓場が広がっており、そして墓場の向こうには、村人たちが「焼場《やきば》」とよんでいた死体焼却場があった。

貧しい時代であった上に重症の吃《ども》り患者であったせいで、私はどちらかというと孤独な少年に属していた。孤独という言葉などは私の知りうるところではなかったが、そうした類《たぐい》の感情が自分にとりついているのを自覚していた。つまり、独りでよくその墓場を歩き回り、食用タンポポを食べるというような振る舞いをする子供であったということだ。糖分の足りない時代で、私の肉体はおのずと甘味を求め、ほんの少々の糖分を含む食用タンポポへと向かっていったのであろう。糖の魅力を前にしては、墓場の薄気味悪さなどはどうということもなかったのである。

食用タンポポというのは茎《くき》が普通のものより長くて太い。その雑草よりも目立つものが墓石の隙間から生えているのであった。今にして思えば、ごく軽いものだが、私は栄養失調に陥っていたのであろう、墓場を走り回って遊ぶほどの元気もなく、墓石に腰掛けて、周りに生えている食用タンポポを丁寧に抜いては、その甘味を吸っていた次第である。

だが、その墓石の下に「死体」というものが眠っていることはわかっていた。子供心にも、自分がその養分を吸っている食用タンポポはひょっとしてその死体の養分を吸って育ったものではないかとひそかに感じていた。

しかしとりわけ気味悪いとも思わなかった。甘味への欲望が優先したこともあるであろうが、それ以上に、それまでの私は死体というものを見たことがなく、死体というのは観念の代物《しろもの》でしかなかったので、その気味悪さを実感できなかったのであろう。

それでも一度だけ、たぶん戦争で傷つき一家離散の憂《う》き目にあった男が墓場のなかで首を吊っているのを見たことがある。死体は高い松の木の枝から下がっていた。その晩、男の死体は隣の寺の本堂の縁側に菰《こも》を被《かぶ》せられて横たわっていた。たぶん私が言い出しっぺだったと思うが、近所の子供たちが、夜中、肝試《きもだめ》しにその死体を見に行こうということになった。

記憶が定かではないが、気持のよいものではなかったことは確かである。菰をはずしても暗がりでその死体がよく見えないことを幸いに、みんなして逃げるように帰ったのを覚えている。死体を気持悪いものとみなしたのは、昼間に見た死体がやはり醜悪であったからであろう。首吊りの死体からは、鼻汁や小便が垂れ流されていた。当時、ろくに紙もなかったからだと思うが、小さなマッチ箱に遺書らしきものが二言三言書かれていただけであった。生きる希望をなくして死んだ男であるらしかった。

それ以来、墓場に行くたびにその死体のことが思い出されて、食用タンポポを食べる回数も次第に減っていった。

ただ墓場のことで忘れられないのは、「焼場」からときおり茶色っぽい煙が立ちのぼっていたことである。自分の家とは千メートルぐらい離れていたのだろうが、風向きによってその煙がこちらに流れてくると、鼻をつく異臭で、死体とはたいへんいやなにおいを発するものだとわからされた。私が幼年期において「死」というものと接触したのはたかだかこの程度にとどまる。

こんなことをいうと私の妹たちが「うちはそんなに貧しくなかった」と不平を鳴らすのだが、私は飢えというものを知っている。絶望的な飢えではないにしても、軽い飢えが常在しているという体験が各人の人生の基礎にある、それが私たちの世代である。というのも、小学校に入る前はすでに戦争がはじまっているから食料不足になっており、小学校に入った後には、まさに戦後の飢えに直面させられた。たとえばガダルカナルの戦地におけるような飢餓状態とは比ぶべくもないとしても、長い飢えの時代に私たちは生まれ育ったのであり、したがって空腹感がほとんど生活感覚の一部になっていたのである。

もちろん、それは死を予感させるような重度の飢えではなかった。とくに私は田舎にいたせいで、いざとなれば近所の農家の大根を引っこ抜いたりキュウリをもいだりして、夏場を過ごすことができていた。墓場や焼場をめぐること以上には死と直面したことはなかったのであるから、まあまあ恵まれた環境に生まれあわせたといえるのかもしれない。

私の見た二度めの死体は母方の祖母のものである。私が大学受験で浪人になった直後に祖母が亡くなり、私がその遠方にあった祖母の村にたどりついたときには祖母はもう柩《ひつぎ》に入っていた。出棺《しゅっかん》の直前に、ずいぶん魅力的な農婦と私には見えていた祖母の死顔を拝んだわけだが、しょせん寿命に達した祖母のこと、まさか自分の眼から涙が出るとは思ってはいなかった。それにもかかわらず、ほんの数滴であったが涙が出たのは運がよかった。親戚のものたちが「あの変り者の邁ちゃんにも人間らしい普通の感情があったのか」と納得してくれているようであった。

そのときの涙の出る感じは少々不思議なもので、「祖母が死んで悲しい」というような気持はなかった。まして十八歳であるから、どこかニヒルな気分になる年頃で、激しく生きるのでなければ死んだほうがましだという気持で生きていたので、長い間会っていない祖母の死顔をみてもたぶん何の感動もないだろうと想像していた。それにもかかわらず、祖母の死顔を目の当《ま》たりにするや妙に沈んだ気持になり、涙腺がかすかに緩《ゆる》んで、涙が数滴流れた。悲しくもないのになぜ涙が出てくるのか、と不思議に感じたものであった。あれは精神が悲しいというよりも、肉体の奥底の次元において死への共鳴のようなものが起こり、頭のほうは冷たいにもかかわらず、体のほうが熱するというような出来事だったのであろう。

祖母の死の直後に、友人たちと北海道中央部の山並《やまなみ》を縦走したことがある。ずさんな生活をしていたものだから、私はきちんと足の爪も切らずに、しかも登山靴などないような時代なのでズック靴を履《は》いて、富良野《ふらの》岳から相当の距離を縦走して十勝《とかち》岳を下る段になったとき、生爪をはがして歩行困難な状態になってしまった。四人のグループだったのだが、そのうちの二人は健脚でどんどん先を行き、私の状態については知らなかった。私と一緒にずっと歩いていた仲間は、日が暮れはじめるころ、私に対して腹立たしそうに、「君の足はどうにかならないのか」といった。私は、「どうにもならない、ゆっくり歩いて下りる」と答えた。

北海道の自然はけっこう怖い。ヒグマが出るといわれているし、実際、その山行の途中で、はるか向こうの山裾《すそ》をクマの親子が歩いているのを見かけてもいた。しかも、彼にとっても私にとっても初めての本格的な登山である。彼は夕暮れの到来とともに不意に恐怖を感じたのであろう。それは、やはり、死の恐怖といってもよいものであった。闇に包まれないうちに山小屋にたどりつこうと思ったらしく、彼は足早に山を下っていき、私は一人取り残された。

私には、私を捨てていった彼に腹を立てるような余裕はなかった。歩くのがだんだん苦しくなり、もしかしたら自分はここで行き倒れになるのかもしれないという思いが何度も脳裡を横切り、他人のことを怒っている暇はなかったのである。それでも、ずいぶん時間をかけてゆっくり山を下り、ことなきを得た。

それ以来、人間にとって、自分の知り合いの死もしくはその危険にたいして思い遣《や》ったりその救助に協力するのはなかなかの難事なのだと、折にふれ考えることがある。おのれの命が大事となれば尻に帆かけて逃げてしまう、そういうエゴイズムから人間は自由になれないものなのだ。そのことを、どんどん山を下り薄暗がりのなかに消えていくその友人の背中が物語っていた。私は、そういうエゴイズムにはできるだけ屈服したくない。あのときの、私を見捨てていく青年の不安に戦《おのの》いた顔と、私と再会したときの恥ずかしそうな表情のことを思い出すたび、そういうみじめな破目に陥りたくないものだと思うのである。それ以来、そういう状況に遭遇しても、自分は知り合いの者を見捨てはしないのだ、と何度も決意している。その決意をかならず実行できると確信できないだけに、かえって、普段から決意しておくことの必要を感じるのである。それぐらい、あの夕暮れの十勝岳に生じた一瞬の人間模様は、人間の持っている弱さというものを私に見せつけてくれたのであった。

いずれにせよ、こんな瑣末な出来事のほかには、少なくとも十代までは、私は死の問題と直面したことがないのである。だから十代の後半、文学書を読み、主人公の青年が天空を見上げて人生の儚《はかな》さを感じたり死の誘惑にとらわれたりするというようなロマン的な件《くだ》りにでくわすと、自分にはそういう感受性は育っていないなあ、と感じたものだ。幼くして死の想念を逞《たくま》しくするような物語を読むたびに、自分にはそういうイマジネーションは湧《わ》いてこない、自分はたぶん凡庸な感受性しか持っていないのだろうと思わされた。

死の想念が少々濃くなるのは、二十代に入ってからである。それは政治運動にかかわったことにはじまる。まだ牧歌的な時代であったから、私は機動隊員に殺されるというような危険は大して強く感じなかった。せいぜい殴られて怪我するだろうぐらいのことだと思っていた。それは、酒場で腕力の強い人間と喧嘩になって、殴られれば痛いだろう、というのと同じようなものである。それほど一九六〇年の前後は政治的に穏やかな時代だったのである。

ただ、その時すでに後年「内ゲバ」といわれることになる物理的な党派抗争が起こりはじめていた。私はトロツキー読まずのトロツキストではあったが、今世紀前半におけるスターリニズムとトロツキズムのあいだの世界を股にかけた苛烈な党派抗争の歴史を知っていた。とくに印象深かったのは、L・トロツキーの家族が次々と殺されていく顚末《てんまつ》であった。たとえばトロツキーの息子は、パリまで逃れたもののスターリニストに襲われて、セーヌ川に死体が浮かぶということになる。そういう種類のことが書かれたトロツキスト文書は普通の書店では売っていなかったが、タイプ印刷の形で回されはじめていたのである。

旧ソ連で二千万人もの人間がトロツキストというレッテルの下に殺されていったという事実を、世間はずいぶんあとになって知ることになる。私たちはその経緯を短くみても十年は早く知っていた。共産党との党派抗争の渦中にいたこともあって、いずれ「トロツキスト」として殺されて、隅田川に自分の死体が浮かぶのではないかという想念が繰り返し私を襲っていた。睡眠時間が毎日三、四時間というような政治運動にあって、たぶん肉体的のみならず精神的なストレスもあったに違いない。そのせいか、自分はそう遠くない時期にスターリニストに殺されるであろうというイメージから私は離れられなかった。死について本格的に怖いと感じた最初のものは、そのイメージだったといってよいようだ。

そのころ、独房生活を半年間やったことがあるが、三カ月ぐらいたってからようやく書物を読んでもいいという許可が出て、最初に誰かが差し入れてくれたのが埴谷《はにや》雄高《ゆたか》氏の『幻視のなかの政治』という書物であり、そのなかに「政治のなかの死」という短いエッセイがあった。内容は細かく覚えていないが、死という肉体的事件と政治という精神的事件が衝突する、あるいは衝突すらできずに擦《す》れ違うという、闇のなかから首根っこを捕まえられて死へと追いやられるような形の死の、救いのない残酷さについて書いた文章であったと記憶している。

埴谷氏の『死霊《しれい》』も差し入れられたのだが、独房のなかの書物なのでどうしても注意が散漫になり、文意がイメージとして結実しなかった。しかし『幻視のなかの政治』については心奥に突き刺さるような感慨があった。それは自分のちっぽけな政治体験のなかで感じさせられていた「死の予感」と呼応したからであろう。

私が左翼政治にたちどころに見切りをつけた理由はいくつもある。私にも少々の分析力と判断力があるので、遅ればせに学習をはじめるやいなや、理論的に考えてマルクス主義というものには納得できないという思いがふくらんでいた。しかしそれ以上に、自分の確信のもてない行動のなかで、デモや戦闘で死ぬのならばともかく、党派抗争のなかで闇からの襲撃のようにして殺されたり殺したりするのはいやだ、という嫌悪感があった。その感じに駆《か》られて、私は左翼に属することを（ついでにいえば、右翼に行くことも）やめたのだと思う。

その種の死は私の単なる幻視だったのであろうか。ほとんどはそうだったのだが、予兆的な出来事が起こりはじめていたのは確かなのだ。たとえば国会周辺のデモに明け暮れていたとき、デモ隊の先頭にいた私は、突如として夜陰に引きずり込まれ、五、六人の人間たちに殴られるということが何度かあった。今なら惨殺されるところかもしれないが、当時はその場かぎりの暴行ですんでいた。共産党か公安警察のどちらかがそうしたのであろうが、ともかく、そうか、自分は暗闇に引きずり込まれて撲殺《ぼくさつ》され、そして隅田川に浮かぶ人生か、やりきれないな、と思った。それもこれも、信じていないどころか、学んでもいないマルクス主義とやらの帰結なのかと思うと、それは十分に左翼との訣別の心理的導因になりえたのである。

かくして二十代の前半、私は友人・知人関係を持たずに、親兄弟との交流も絶《た》って、独りで暮らしていた。今の私はまるで勤労熟年のように働きづめであるが、これと比べると当時は夢のような話で、勤労意欲を完全になくしていて、食うために働くという気さえ起こらなかった。つまり自発的に飢えていたわけである。そろそろ高度成長がはじまっていたから、働きさえすれば人並に食えたはずであるが、働く意欲はおろか食おうという意欲をすら喪失しかかっていたので、一週間も食わないことが何度かあった。

自分の人生は案外ツイているのではないかと思いはじめたのは、たぶんそのころからかもしれない。三日、四日と食わないまま、しかもどうしようという気力もなしにいて、ぎりぎりまでくると、高校の同級生が訪ねてくるというような不意の出来事によって、飢えから救われるということが三度ばかりあった。

自発的飢えといっても、断食《だんじき》における精神の凝縮はなく、軽いニヒリズムにもとづく怠惰のせいで、結果として飢えていただけのことだ。しかし奇妙にも「死んじゃってもいい」というふうには考えなかった。衰弱しているという自覚はあるものの、衰弱死には至るまいと、勝手に安心しているところがあった。

人間は飢えれば生き延びんとして騒ぎ立てるものだ、とよくいわれる。しかし私のささやかな体験では、それが自発的な選択であったせいかもしれないし、また強制された飢えはさぞかし怖いに違いなかろうと思いもするのだが、飢えて衰弱していくなかで死の恐怖というものを感じはしなかったのである。何も彼《か》もが拡散していくような気分、つまり想像の力も理屈の筋も気力の方向も生活の形態も、すべてが溶けて流れて、その流出物のなかに茫然とたゆとうているという気分のなかに私はいたのであり、死の恐怖というものは感じなかった。

ただし、たった一回だけ、このまま行ったら自分は死ぬかもしれないと感じるときがあり、這《は》うようにして札幌に帰った。平凡な話だが、いざというとき帰る家があるかないかが人生の岐路となる。ともかく、一度切りとはいえ、私は死の恐怖に戦《おのの》いたわけだ。死を避けようとする衝動はやはり根深いものだと認めなければならないのであろう。そして人生のその気分の岩盤ともいうべき「死の不安」にまで降りるとき、人間は自分の人生の始源である場所に還ろうとするものらしいのだ。

家で一カ月ぐらいぼうっとして生きていたのだと思う。ある晩、なかなか寝つかれなかった。小さな部屋に兄と一緒に寝ていたのだが、兄は鼾《いびき》をかいて眠っていた。仲のいい兄弟でもなかったので、どうしてこうもうるさく鼾をかくんだろうと不満に思いながら、天井を見つめていた。

そのときの感覚をうまく表現することは私にはできない。天井を眺めているうちに、ふと、自分はこのまま死を選びとるほうに向かうのではないかと思った。深い絶望とか苦痛とかいうのではない。曖昧な気分の流れのなかで、自分が衰弱死へと傾いていくのを感じただけのことだ。当て処《ど》なく歩いてそのまま倒れていく、いわば行き倒れのイメージである。天井の節穴からそうしたイメージが霧のように流れ出し、部屋一杯にそれが充満したと思われた瞬間、それまで鼾をかいていた兄貴が不意にがばっと起きて、私に抱きつくようにして、「どうしたんだ」といった。

私はオカルト現象には昔も今も何の興味も持てない。しかし、眠っているあいだでも隣の人間の心理の動きを感じることがあるというくらいのことは了解できる。もちろん、それが偶然であったという可能性もある。兄はあるいは蚊にでも刺されて目が覚めたのかもしれない。だが、あの瞬間、あっ、と思ったことは事実である。ひょっとすると私は兄に助けられたのかもしれない。死界にふっと吸い込まれていくとき、兄がそんなところには行くなと私を引き止めた、そういう感じの一瞬であった。

それ以後、衰弱死へと向かう経路に身をおくというような暮らし方をしなくなった。いずれにせよ、私たちの世代にあっては、少なくとも私の場合、たかだか衰弱死のイメージを自発的につくってしまうというような姿においてしか死に直面できなかった、ということは認めるほかないわけである。

政治における党派抗争を通じて死のイメージが広がったことの淵源を訪ねてみると、ひょっとして、それは十代における映画体験につながっているのかもしれない。

私は映画少年で、学校をサボって映画ばかり観ていた。懐《ふところ》にカネはなかったが、うまい具合にいつも金持の息子がスポンサーになってくれて、他人のカネで映画を観られるという実にすばらしい十代であった。

当時、ヨーロッパ系の映画は反ナチ・反ファシズムのレジスタンス物が多く、そこでは戦争や拷問や裏切にまつわるいわば甘美な残酷といった類《たぐい》のシーンが展開されていた。しかも当時は白黒映画が多く、モノクローム独特の清潔とも沈鬱ともいえる世界のなかで「死の物語」が演じられていた。

そうした死の物語は私を過激派の政治へと押しやるのに寄与しただけではない。後年になって、私が戦争のことをとつおいつ考えはじめたこととの深層心理における切掛も、十代の映画体験にあった。少なくともそう説明してみて、私には大して不都合はないのである。私は三十代・四十代と進むにつれ、旧日本帝国陸海軍のやった戦争について無性に気になりだした。その一つの理由は、ヨーロッパ経由の戦争映画や革命映画に同世代のものよりも少し多めに接し、またそれに触発されてそうした方面の書物を少し多めに読み、その結果、戦争をめぐる死の物語が自分の精神の土台の一部となってしまった点にあると思われる。

しかし、自分はあの戦争についてほんの輪郭めいたものしか知らないのだと思い知らされたのは、ずっとあとになって、つまり外国滞在体験のなかで、例によって自分のナショナル・アイデンティティ（民族的同一意識）とは何かと問い直さなければならなくなってからである。その間の経緯については、拙著（『戦争論』）ですでに記したことなので省くが、ともかく四十歳になってから、戦記ものを読みあさるというようなことをしてみた。そのあたりから、自分の先輩たち、私の父母とおよそ同じ世代の人たちの直面した戦争およびそこにおける死の問題を追体験してみようとする癖が私につきはじめた。

特攻隊員の死でも、『戦艦大和ノ最期』（吉田満）でもよいが、戦地において頭が吹き飛ばされ腕をもぎ取られ、胃袋をえぐられ、戦友の死肉を胃袋に収めるというような体験が、考えてもその意味を十全に理解できるわけはないものの、人為的に私の頭のなかにインプットされ、その情報の質量があまりに大きいため、死と切実に直面したことのない自分ら戦後世代の精神は、底上げもしくは底抜けになっているのではないかという自己不安を感じるようになった。

いや、自己不安というのは不適当だ。死の物語を自作自演するという経験を持たないわれわれ戦後世代の精神の背骨はやわにできていると冷静に認識するほかない、といったほうがよいかもしれない。理屈っぽくいえば、そう認識する回路を頭のなかにつくり、それを強化することによって、少しでも自分の精神の弱さを補完しようと算段するということである。

同時に、戦争のことを追体験してみるたびに確認せざるをえなかったのは、戦後に流布《るふ》された反戦思想には嘘が多いということである。たとえば、学徒出陣の若き兵士たちが軍隊で苛《いじ》められ、自由を奪われ、自分の恋人と母親のことを思いつつ切なく死んでいったというような話を山ほど聞かされたけれども、それと異なる物語が私には見えてきた。

それは単に戦記ものを読んでわかったというのではない。それは兵士の立場に自分の感情を移入させるとおのずと見えてくる類《たぐい》のものである。たとえば自分が特攻隊員だったとしたら、果して最後にどのような感情を抱き、どのような思索にたどりつくものであろうかということを幾度も想像し、自分の身辺に生起するちっぽけな出来事においても擬似特攻的な振る舞いをつらぬいてみようと努力し、それを読書を通じて得た知識とつき合わせてみると、ヨーロッパの映画を含めて自分が戦後聞かされてきた反戦物語の嘘というものが透けて見えてくるのだった。

たしかに「お母さん！」と叫んで死んだ特攻隊員もいたかもしれないが、大概は紋切り型に、「天皇陛下万歳！」あるいは「日本万歳！」といったに相違ない。なぜなら公的な形における死には公的な台詞《せりふ》が最もふさわしいのだからである。それどころか特攻における死を「母親のため」と認識することは不可能であり、その自己犠牲的な死の形は「日本のため」と思うことによってようやく釣合いのとれる種類のものと思われるのだ。そのことがほとんど身体でわかるような人生の段階もあるのである。

片道分のガソリンでアメリカの空母（航空母艦）を襲わなければならない。襲っても撃ち落とされるに決まっているのだが、それでも行かざるをえない。そのとき敵艦を眼下にして、白い雲間から自分の恋人の名を叫ぶのは、ほとんど不可能なのではないか。天皇には会ったこともないし、天皇を本当に崇拝しているかどうかも判然としないのだが、そう叫ぶことを強制され公認もされているパブリック・スローガンを、つまり「天皇陛下万歳！」を叫びつつ急降下していくのならば、私にもできそうだと体感したのである。

いうまでもないが、ファナティックな気分でこんなことをいうのではない。国家主義や軍国主義とはかかわりなく、男が戦争という公《おおやけ》の出来事に巻き込まれたときの死の選び方にあっては、やはり公の振る舞いをもって終始するのが筋道だと思うのである。

しかもそれは単に上辺の作法ということではない。パブリックネスつまり公性というものが意外にも深く自分をつらぬいていると察知できる年頃や状況があるものなのだ。そのとき人は、自分の一挙手一投足の隅々にまで、言葉を中心にした民族・国民の歴史的蓄積が及んでいると知ることができる。そして、「日本」の名分《めいぶん》の下《もと》に死ぬことはできても、恋人の名を呼ぶのでは、どこかにひそかに不時着してしまいたくなる。死なねばならぬときには、その死が公的な性格のものである以上、たぶん心の底から公の台詞を吐くに違いないのである。そういうことが想像できてからは、公性というのは怖いものだけれども凄いものでもあるなと感じつづけている。

それ以後の四十歳代から今に至るまで、死の問題が私の観念にいつも触れている。死の観念が、微弱とはいえ、私の知覚や認識を根本において揺り動かしている。しかし公性がほとんど剝奪された感のある戦後という時代にあっては、死はプライヴェイトな領域に追いやられがちである。より正確には、死における私性が肥大化させられ、公性が矮小《わいしょう》化させられている。そして、そういう「戦後的な死」こそが怖いのだと思いはじめた。怖いのは死が「私」の領域に閉じ込められることなのだと考えだした。いうまでもなく私はまだ死んだことがないので、それは実体験によるものではなくて、頭のなかで繰り返し死の問題と接触しているうちに抱くようになった思いである。

一言でいえば、死そのものが怖いのではなくて、死について考えてしまうという、「意識」としての怖さである。何が怖いか。ほかでもない、自分の意識が死とともに終わってしまうという「不連続さ」がである。それまで見えていた草も花も人間も建物も、死とともに終わってしまう。もちろん私が死んだとて、それらはこの世に実在しているのだが、その実在を実在としてとらえる私の意識が不在になるのだから、意識は「無の支配」に委ねるほかない。そういう突如の不連続が人間の生にはかならず訪れるのである。今の喜びも怒りも哀しみも楽しみも、生命の終わりとともに、少なくとも私自身にとっては、感じえぬそして語りえぬ「無の領域」に括《くく》られていく。

それはまったく当たり前のことだ。しかし、そういう無に向かって生きているこの生はさほど当たり前の事柄ではありえない。真も偽も、善も悪も、美も醜もすべて死とともに掻《か》き消されてしまうと生の途中で見通すとき、自分の言葉や行動に虚無のにおいがたち込めてくる。如何ともしがたくそうなってくる。死のにおいをひとたびかいだ生の意識は、それを追い払おうと努めれば努めるほど、そのにおいをいっそう強く漂わせる仕儀となる。同時に、生きているかぎり、虚無の死臭をとりあえず追い払わなければ、喜怒哀楽の一片も叶わずということになる。つまり、死の虚無は、それに直線的に取り込まれるわけには断じていかないが、それから離れれば離れるほど迂回路を経ていっそう身近に迫ってくるといった性質のもので、可能なのはその悪循環に耐えることだけだと思うしかないのである。
私はその悪循環から抜け出る途《みち》を知らない。そういう厄介な形で自分の死の想念が空回《から》りを演じるしかないのかと思うや、せめて目前にみる他者の死にたいしては礼儀正しくありたいと私は念じるようになった。彼ら死者も私と同じく死の想念を空回りさせつつ死を迎えたと察せられるからである。

………中略………

ところで、自分の生命力と精神力を拡げていけば、いよいよ最期が近づいてきたときにどうなるのか。私にはまだ死が間近にはきていないらしく、よくわからないのだが、それでも俺はとうとう死ぬのかという感覚は誰にも伝達しがたい種類のものであろうとは推測できる。その自分一人にとってのみ了解できるという孤独な状況のなかで、私はどのような振る舞いに及ぶのであろうか。
こんなことを公言すると、責任をとらなければいけないから少々困るのであるが、自分の平衡感覚をリミット近くまで持っていくという構《かま》えからすると、私は死が間近になったとき、たぶん、自殺すると思う。たとえば癌になって、あと半年しか生きられないと宣告されたとする。もちろん闘病なるものによって、その半年が一年に延びたり、完治した人もいないわけではないから、医者の診断はあくまで確率的なものにすぎない。しかし確率的にせよ、平均であと半年といわれたときに、私がどう振る舞うかといえば、ぎりぎりまで生きているのは厄介だと判断する。限界まで堪《た》えてしまうと、死ぬ気力もなくなったり、肉体的かつ精神的なセルフコントロール（自己制御）も効かなくなる。したがって、そこにいく前に自殺しなければならない。確率としては、一ヵ月あるいは二ヵ月くらい早目に死に急ぎするのが私の場合だということである。

私は是非ともそのように死にたいと念願している。かならずそうすると断言すると、私の病床にやってきて、さあいつ自殺するんだと問い詰める御仁《ごじん》がいるかもしれず、そんな面倒な状態のなかで自殺したくはないので、とりあえず自殺は私の念願だということにしておこう。

ともかく、ぎりぎりまで生きていると、死ぬ気力も体力もなくなって醜態をさらし、家族や病院（ということは世間）に迷惑をかけることになるだろう。あと六ヵ月と宣告されても、たとえば四ヵ月ぐらいを限度とみなして自殺するほうがいいのではないか。

しかし念願すれば直ちに実行できるというほど人間の精神力は強くはない。そこで、この五年くらい、念願を成就するために、私はその死の計画について繰り返し考えることにしている。独りで考えているだけでは、人間は卑怯な代物であるから、いざ実行となると、他人に公約していないことをよいことにして自殺を決行しないということになるかもしれない。そういう事態を封じるために、私は家内に折に触れて自分の自殺計画を話している。相手にその趣旨を理解するよう求めている。健康なときから自殺のことを繰り返し考え、それを周囲に約束していると、いざというときにきちんと実行できると見込んでいるわけである。

戦争でもあれば、それに巻き込まれて、突如の決意で死を選択することもできよう。歴史的な「事件」においては死を選びとることは比較的に容易であった。革命でも戦争でも飢えでも流行病でも、大がかりな環境変化が突然に襲ってきた。われわれはそれをフォルトゥーナ、つまり運命とよんでいた。フォルトゥーナの手にとらわれて、死への突如の決意をなしえていた。これからもそういう歴史的な出来事が生起するかもしれないが、戦後という時代は、フォルトゥーナにとらわれて自決を選ぶというような時代ではない。それは運命なき時代であり、人間がおのれの死にたいして「運命愛」を持ちえない時代である。現代の死は、多かれ少なかれ、ヴィルトゥつまり道徳的な力量を発揮することによってしか結構を保ちえないものになっている。

そうであれば、この弛《ゆる》んだ平和な時代、退屈至極といって過言ではない飽食の時代のただなかにおいてなおも自殺の道を選ぶためには、ふだんから繰り返しそのことについて思考し表現して、自分をその道に駆り立てていく必要がある。こうなったらこういう死に方を選ぶ、そのための準備はこれこれであるというふうに、何度も自殺のことを想像し、そうすることによって自分の頭や体に自殺のイメージを教え込むということだ。そうしておけば、たとえば癌の宣告を受けたようなときに、早目に死の選択をすることができる。いま、私なりにそういう準備をしているところである。

ここで、残されたものの気持はどうするのか、という反論がある。そこまで計算して死んでいくというのは実に嫌らしい死に方だという意見がある。たとえば残された女は、ほんとにあの人の死に方はいやな死に方だった、もうちょっと素朴に生きて悲しむなり脅えるなりすれば、私だって涙を流してあげられたのに、あそこまで計算ずくではとてもじゃないが同情できない、あんな無残な死に方はない、というふうにいうかもしれない。

たしかに自殺の準備をひそかにやっているのは嫌らしい所業といってよい。しかし私の場合、そのことを折に触れて公言している。家庭でも酒場でも、たまさか死のことに話題が及んだら、私はにこやかに笑いながら、こういう理由でこういう死に方をするつもりですと公言している。周囲のものを嫌がらせようという気もないし、死後、自分のことを話題にしてもらうためにやるのでもなく、いろいろ考えた末の平凡な選択の一つとして自殺するのだということをふだんから話している。そんな話を聞いてくれるほど暇な友人はあまりいないけれども、家内はよく話を聞いてくれている。

なぜそんな死に方を選ぶのか、疑問に思われる方がいるかもしれない。癌に冒されて、意識が朦朧として死んでいくのを、というよりそうした自分の死に様《ざま》について想像するのを私は嫌悪する。自分が意識を失ってしまえば、そのときには、糞尿を垂れ流そうがどうしようが、それこそ嫌悪もクソもない。自分が意識を失した状態にあっては、医者が私の体に針を突き刺そうが、家族が私の糞便を鼻をつまんで処理しようが、私には関係のないことだ。なぜといって、「関係」とは人間の場合、意識にのぼったかぎりのものだからである。

しかし、そういう状態に自分を陥らせるかどうかは自分の選択でありうる。単なる生命体でしかなくなったあとまで自分を生き永らえさせるか、意識のあるあいだだけで自分の生命体をおしまいにするのか、という選択を私はすることができる。

私はたまたま人間であったおかげで意識というものを持つことができ、そのせいでほかの動物と比べればはるかにたくさんのことをなしえてきた。私は猫の肉は食べたことがないが馬の肉なら食べたことがある。自動車を運転したことはないが飛行機にはしょっちゅう乗っている。ともかく人間に生まれたために文明の恩恵をかくも厖大に享受してきたのが私の生というものだ。そしてその生が終わる段になって人間ではない動物として生きる、つまり意識をなくした生命体としてほんのわずかでも延命したいというのでは、ほかの生命に申し訳ないということになりはしないか。

動物はもちろん植物まで含めて、人間は他の生命を貪り食って生きている。他の動物も同様ではあるが、人間のようにそれを「文明」だ「文化」だと称し、生存のため以上に他の生命体を食い散らかすことに豊かさの証《あかし》をみるようなことはしていない。感情論としてではなく論理の道筋として、精神を持った生命としての人間は、精神をあまり持たないものよりも高等であるという大テーゼをおいて、そのテーゼの命じるところとして、文明の名による自然の破壊を行ってきた。

私はエンバイロメンタリスト（環境主義者）ではないから、自然を守ろうということをヒューマニズム（人間中心主義）の名目の下に唱えているのではない。ヒューマニズムの本質に自然破壊のやみがたい傾《かたむ》きがあることを理解せぬのは欺瞞であり、さらには愚鈍であるといいたいだけのことだ。

ともかく単なる生命でありつづけることを生の目的にはなしえない、それが人間の条件というものであろう。生命は生の「手段」であって「目的」ではないのである。そうであれば、死の間際になって急に人間であることをやめ、意識がなくても生き永らえたいというように構えることはできないのではないか。というより、まだ意識があるうちに、そういういわば非人間的な死を迎えることを見込んでしまうと、今の意識状態が不明瞭なものになってしまう。生における目的と手段の混同が意識のうちに生じてしまう。

さらにいえば、結局は単なる手段（生命体）に還元されていくのが人間の目的意識（精神）なのだということになると、精神のはたらきにおいて何かいかがわしいもの、何か中途半端なものが混入してくる。そのことによっていわば生の充実度が減ってくる。その結果として生じる生の衰弱あるいは乱雑にたぶん私は耐えられないのである。

私の今の意識状態に脈絡があるとしたら、それは「精神」は「肉体」よりも高次元にあるという仮説にもとづいている。その仮説を好むと好まざるとにかかわらず押し通さざるをえないのが人生である。となれば、それは死に方の選択にまで影を落とさずにはいない。自分の死を意識しつつ死ぬこと、それが人間に本来の死に方であり、その最も簡便な形が「自殺」ということなのである。

このことは、論理の完璧主義を期していうのではない。「人間」として死ぬか「動物」として死ぬかというごく簡単な選択において、人間（意識体）は前者をとらずにおれないのだということをはっきりさせておきたいだけのことだ。

しかし、すでに触れたように、「意識」も人間の社会関係のうちにある。自分の死の選択が自分の死後にどう評されるかということを今の意識において予想してしまうのが人間である。つまり自分の選びとるであろう死の形態について、あらかじめ周囲の人びとの承認を得るよう努めるほかないのである。私はああいう生き方をして、次にこういう死に方をするから、理解してくれ、悪く思わないでくれ、余計な詮索はやめてくれ、ということを生前において何ほどか表明してしまうという意味において、意識のうちにすでに「死」が登場するのである。

死についての語り口は、ましてそれが自分の死に方にまつわるとなれば、一筋縄ではいかない。しかしそれについての良き言葉遣いがありうると私は確信している。その言葉遣いを探し求めているうちに、自分の覚悟もだんだん決まってくるはずだし、周囲もごく平然とそれを受容してくれるはずだ。なぜなら、人誰しもにとって、いかに死ぬかは他人事ではありえないからである。自分も他人もそれによって少しばかりすっきりした意識を死にかんして持てるというのであれば、「死に方」についての会話を避けるべきではないであろう。事実、私は家内を相手にこうした実験を行っており、首尾はまあ順調ということになっているわけである。


（『西部邁　死生論』「Ⅰ　死の意識」より、日本文芸社、一九九四年）

死の選択

……前略……

ところで、死を迎えている人間にしても、まだ死を体験していないわけであるから、死については語りえないものが残る。戦争を例にとると、生き残ったものたちは、たしかに死の恐怖といえるほどのものを味わったのではあろうが、死の一歩手前から生還してきたという思いのほうが強いのであろう。つまり死に本当に肉薄したと思うことはむずかしいのではないか。臨死体験者の証言のようなものがあるらしいが、私なりに死にゆくものと付き合った経験をまとめていうと、感情的というよりも認識的に、死の瞬間がくるまで死は生にとって縁遠いものだと、瀕死者自身が感じているように見受けられた。

そこで、生と死の中間項としての「老い」について語られなければならないということになる。S・

ボーヴォワールの陰惨なレポート（『老い』）がその一例で、自分のパートナーであったJ・P・サルトルがいかに無残に老いていったかが過剰なまでにリアルに語られている。

幸いなことに、私が会ってきた老人たちはかなりよい形で老いを迎えている。いわゆる老醜というものを感じさせるような人たちはいないといってよい。その意味で私は恵まれているし、そういう老人たちを選んでいる私の感覚も悪くないということになる。

私のことを離れて世間を見渡すと、老いについての語りは、「老人性痴呆症」にかんするものを初めとして、老いのやり切れなさについてのもので占められている。私も老人性痴呆症にかかった人をみかけることがあるが、たしかに眼を覆いたくなる態《てい》のものである。

老人性痴呆症のみならず「老醜」は自分の精神によってはコントロールできないような生理的・神経的なものなのであろう。たまたま肉体的にひ弱に生まれたものが、そのひ弱さのゆえに、精神力ではどうしようもない神経系統のもつれのようなものが起こるのかもしれない。しかし、易々《やすやす》と老醜に引きずり込まれていくについては、生きているうちに老いや死についてきちんと考えずにすましてきたことが原因となっている場合も少なくないのではないか。老いと死を迎える準備をしないできたということが老醜につながったのではないか。精神の準備なしに突如として老いに直面させられたとき、肉体と精神の全体が周章狼狽《しゅうしょうろうばい》し、そして老醜へと誘い込まれてしまったということである。

死についてはは知りえないことが多く、それゆえ語ることもむずかしい。そうであるならば、せめて老いについて語れば、それが死について語ることの入口になるかもしれない。ところがその老いが、寿命が延びたということもあって、語るに忍びないほどに醜いものになりつつあるのだ。

確信はないが、遅くとも四十五歳あたりから、老いること死を迎えることについて意図的な準備を開始するのがよいと思う。最初は思考実験でもいい。自分が老いをあらわにしたとき、いったいいかにすれば老醜を回避できるかについてさまざまな計画を考案し、それについて語ってみるのである。そのような訓練を不断にしておけば老いの無残を晒《さら》す度合が少なくてすむのではないか。そして老いを語るうちに、少しずつ死が実感をもってとらえられてくるはずである。

ただし、老いは現在との連続のうちにあるが、死は現在との断絶である。したがって死はせいぜいのところ予感としてのみとらえられるものなのであろう。老いにおいて死を垣間見るというのは誇張した表現であって、死は生の触れえない領域に属する。そういう意味では、死の世界は神の世界と同じように、生によってはけっして到達することのできぬ無限遠にあるといってよい。

老いについて語るといっても、顔の皺《しわ》が何本増えたとか、性的能力がどのように減退しているとか、そんなことは話しても聞いてもどうしようもないことだ。そのようなことによっては生は何ひとつ充実しない。

老いのことに触れていちばん語り且《か》つ聞きたいのは、たぶん、「孤独」ということであろう。老いとともに深刻化してくる孤独、活動力がなくなって独りでいることの多くなる生活、それは生の琴線《きんせん》に触れうるものである。老いというのは生理的・生物的な表現であるが、老いの精神的な核は、あきらかに孤独の著しい増大にあるのだ。

先に死の予感といったのは、実は、孤独の実感ということなのである。孤独が深まっていくとおのれの心身の消滅ということが漠然とではあるが、わかってくるような気がするということだ。

孤独地獄はもちろん、若いときにもある。だが、それはおおむね間欠的にであり、若さの生命力が孤独という精神的牢獄の壁に穴をうがたずにはいない。しかし老いが深まっていくと、生の一般的条件として、孤独が常に背にも胸にも張りついているということになる。それがずいぶんと怖い感じのものだということを、私自身、少しずつわからされる年頃になっている。

第Ｉ章（「死の意識」）でも述べたが、私も二十代の前半において、三年ばかり、結構な孤独を味わったことがあるが、それは自分であえて創り出した孤独の環境であった。つまりその孤独は自発的選択の結果であったので、どこか痛快の気分が漂ってもいた。しかし老年の孤独は自分で選んだものではない。抗《あらが》いがたい時間の流れのなかで自分の肉体が衰え、自分の精神の限界がはっきりと見えてくる。それは、ほとんど死の一歩手前にいるといっていいくらいの、恐ろしさに囲まれた孤独である。

昔の人は死の間際にいることの孤独から脱れるべく、精神の自己防衛策をいろいろに紡いでいた。

セルフ・ディフェンス・メカニズムつまり自己防衛機構は、それが繰り返されるようになると、病理現象になる。病理に引き込まれない唯一の自己防衛策はサブリメーションつまり昇華《しょうか》であり、その典型が「宗教」なのであった。要するに、此岸《しがん》における心理の矛盾を彼岸《ひがん》において解消させることである。しかし世俗化あるいは脱宗教化が近代の傾向である。宗教に代わるものとしての、あるいは宗教への近似としての学問および芸術にしても、それらが専門主義化されたり商業主義化されたりするなかで、昇華の手段としては不適当なものになりつつある。

宗教も芸術も学問も、広い意味でのテクノロジーに化し――宗教におけるオカルトも精神的技術の一種である――、果ては商品と化す。精神的昇華の手段を文明が自己破壊しつづけている。しかしそれでも、孤独に耐え切ることは人間には不可能であり、そして不可能と知りつつも人間は、昇華の手段を希求するのである。

宗教にも学問にも芸術にも頼れない。それにもかかわらず老いはひたひたと近づき、孤独はひしひしと深まる。そのあとにかならずやってくる死の恐怖をすら感じとれるようになってくる。それに耐え得るための方策はいったいどこにあるのか。それは、実は目前にあるのである。それは完全な方策ではまったくないものの、人間には自分が五十年余の人生で抱え持つに至った小集団がある。つまりそれは家族を初めとするプライヴェートもしくはセミパブリックな交友関係である。近代社会がそれらをも噛み砕いてきたことは否定すべくもないが、それでもしかし、人間は今でも、そうした小集団のなかで生まれ育ち、死んでいく。

その小さな場所を孤独を昇華するための起点とする以外に手はないのである。夫婦・親子・友人・知人からなる人間関係、そうした広い意味での「サロン」を人間の絶対的孤独の感覚にもとづいて、というよりもその感覚を楽しみつつ癒《いや》すことをめざして、つくりだしていくということである。

西欧はさすがに文明の先達で、百年も二百年も前からその作業に丹念に従事してきた。それが成功裡にすすんだとはいえない。それはサロンを創っては壊し、壊しては創るシジフォスの営みではあった。しかし西欧はその営み自体を文化にまで定着させてきたといってよいであろう。人間の孤独を一時的にせよ緩和させるほんのささやかな、しかし最後の頼みの綱ともいうべき交友関係を、創出し維持しようと彼らは努めている。その努力の持続において、西欧は文明に必然の孤独と真剣に戯れるような生の形式を編みだしてきたといってよい。

アメリカの場合は、新天地として国が創造されたという経緯や人種をめぐる社会的葛藤もあって、小集団の形成はうまくいかなかった。しかし日本の場合は、小集団としての交友関係を発達させうる素地が本来はヨーロッパ以上に豊富にあったはずなのに、「進歩」の名目の下にそれをずいぶんと破壊したり汚染させてきた。とくに敗戦後のアメリカナイゼーションがそれをいっそう促進した。しかしそう認識すればこそ、家族を初めとするごく小さな集団をいかに再建し、どう保守するかが重要なテーマとなる。ましていかに孤独を紛《まぎ》らすかが日本人一人ひとりにとって切実な課題となりつつあるのであってみれば、なおさらである。孤独を紛らすというといかにも些細なことに聞こえようが、これはなかなかに高等な精神的テクニックを要する仕事なのである。ユーモアとウィット、そしてロジックとドラマを含んだ表現法を、その場の社会的文脈に応じてさり気なく総動員して初めて、なんとか成り立つのが小集団である。

精神生活の基盤が荒廃しつくしたかに見える戦後半世紀の今こそ、小集団を運営するなかで孤独を少しずつやり過ごしていく、そういう生活の場面における企《くわだ》てを、各人各様にやりはじめるべきではないだろうか。そして、それらの個的な企てが社会のなかで連鎖反応を起こせば、文明は少しずつではあるが、成熟していくのではないだろうか。成熟文明、そこには個人の孤独を癒してくれる力を持った集団療法が貯えられており、小集団における会話や議論が老いと死の輪郭を明らかにしていくにちがいない。また老いと死の自覚が、小集団の会話や議論の輪郭をいっそうはっきりしたものにさせるだろう。その過程をいわば「真剣な遊び」として演じることが、現代人に可能な、ほとんど唯一の精神の昇華法なのである。

（『西部邁　死生論』「Ⅱ　死の選択」より、日本文芸社、一九九四年）

死の意味

……前略……

このような死の思想を整理してみると、死にかんするエピキュリアニズムは成り立ちえないとわかる。死は人間が生きているあいだは存在しないとか、死んでしまえば死の意識はすでにないというような言い方はほとんど詭弁《きべん》に等しい。死は絶対的な無なのであるから、それについて考えることも無効であるというのは間違ったテーゼである。というのも死の想念は追い払いようもなく人間にとりついてくるからである。

いずれある状況になれば自分は自決するであろうという決意に到達したとしよう。そのとき自分の生のパースペクティブ（遠近法）が変ってくる。つまり死にかんする思考が生のあり方を変えるということだ。死は生と無縁であるどころか生の内部に食い込んでくるのである。それまで家族や職業のことを思い煩い、自己不安に苛《さいな》まれつつ生きていた人間が、何かの具合で、自分は十年後あたりにある種の死をみずから選びとろうと決意し、その決意へ向けて物心両面の準備をはじめたとする。彼はそうすることによってそれまでの自己不安を追い払い、自分をなかなかに勇気のある人間だと思うことができるかもしれない。その自己認識が自分の生をより活力あるものにするであろう。このように、死を覚悟した途端に、生の構造が変って生きることの意味を自覚できるという場合もありうるのである。

たしかに死そのものは、生の絶対的切断であり絶対的無なのであろうが、死について決意する、死へ向けて準備するという作業は、生の質を変えてしまうのだ。つまりエピキュリアン（快楽主義者）のように、死を生の向こうがわに追いやってしまうわけにはいかないのである。

もちろん、死の決意とか死の準備といってみても、死そのものは正体不明なものを多々残しているのであるから、そんな不確定なものについての決意や準備はしょせんおぼろげなものにとどまりはする。逆にいうと、自分が死の決意や準備を十全に果たしえたなどと思い込むような過剰な自意識は、その人を拙速の自決へと追いやるかもしれないということだ。つまり意志的な死ならば何でもいいとはいかないのである。意志における深さや浅さ、的確さや的外れぶりについて、きちんとした仕分けが必要になるのであろう。しかしいずれにしても、意志的な死によって生の展望が大きく変わることは否定できない。ほかの言い方をすると、エピキュリアンならば意志的な死をむしろ生の課題として引き受けざるをえないということになるのではないか。

ただ、ここで厄介な思想的な問題が浮かんでくる。そしてそれは良かれ悪しかれS・フロイトのせいである。つまり意志とは何ものぞと考えたときに、それは「無意識」の産物でもあるということになると、意志的な死を生の課題とみなすことの意味もさほど明確なものではなくなってくるのである。しかも無意識のうちにタナトスつまり「死の本能」があるのだとすると、本人は意志的な死と思っているものが単なる本能の発露であったり、無意識に弄《もてあそ》ばれたことの結果にすぎないということになる。要するに死への意志そのものの、さらには死についての思考そのものの、根拠が揺らいでしまうのである。

こうした不確定さからの絶対的な脱出口はないのであるが、さりとて、不確定なものを生から排除すれば、生はまったく無味乾燥なものになってしまう。おそらくここでも解釈学的な循環をあえてたどるほかないのであろう。無意識の次元がどんな様相になっているかをとらえようとすることに重大な関心を払うとしても、意識の次元にも無意識がかかわっている、その無意識をさらにとらえようとする意識のうちにさらに無意識が、というふうに、意識と無意識はどこまでも絡み合っている。その絡み合いを自分の人生なり自分たちの時代のなかで繰り返しときほぐしていくのが解釈学の流儀であろうが、そういうやり方によって死への意志や準備が少しずつ明確になっていく。では、どこまで明確になれば意志的な死を遂行できるのか。それについても不確定性が残りはする。

しかしそういう方向性においてしか、死を生の文脈のなかにおくことはできない、これも人間にとっての逃れがたい条件というべきなのであろう。

死への意志とはその意志について「解釈する意志」のことだという厄介な回路においてしか、死を語ることができない。この回りくどい手続は、しかし幸いなるかな、かならず断ち切られることになる。つまり人間の寿命は、いくら引き延ばされてもたかだか百年くらいと決まっているので、死期が近づいてきたとき、それまでの解釈作業さえしっかりしていれば、おのずと最後の決着のつけ方も定まってくるのである。つまり「解釈」が「決断」へと位相を転換していく可能性が十分にあると期待してもよいのではないか。

この意味でも、死と老いは密接にかかわっている。老いを通じて自然死に近づくなかで、その過程にいかに意志的な死を組み込んでいくかと考えれば、自分よりも年長の世代との付き合いが重要になってきもする。私は、すでに述べたように、比較的多くの老人たちと、しかもどちらかというと美しい老い方をしている（ように私には見える）老人たちの知り合いが多かったせいもあってか、次のような見解に達した。

それは「老醜とは何か」という問題についてである。老いの醜さということがいわれるが、それは多くの場合、肉体的な問題としてある。そういう醜さがないわけではないが、私の主観に映る老いの醜さは、やはり精神的なものである。自分の死に方について覚悟を決めていないような、あるいはその必要すら感じていないような年寄たちの最後の生の姿、つまり死に様《ざま》が醜くみえるのである。

ある時、タクシーに乗っていたら、ＮＨＫののど自慢番組がラジオから流れてきた。老人たちが次々と歌うのだが、まことにひどいものであった。入れ歯がはずれたのではないか、声帯が破れているのではないか、頬や顎《あご》の筋肉が動いていないのではないかと思わされるような老人たちが、図々しくもマイクの前に立って、わけのわからない挨拶をしながら、歌ともいえぬ歌を歌うのである。

それをしも生の謳歌というふうにいうのだろうか。私は彼らの声を聞いているだけで、老いの醜さを感じてしまった。たとえば八十三歳の歌声老人の場合、永遠に生きるつもりでいるかのような元気ぶりであったが、そのやみくもの元気が、途方もなく醜いものに聞こえたのである。

私はこの五年間、地方への講演旅行の途中、独りで温泉旅館などに泊まる機会が少なくなかった。そこで、女五人に男が一人といった組み合わせの老人たちが、夜遅くまで、ホテルの片隅にあるカラオケ・コーナーで、〽連れて行ってよぉ、などと歌っているのをよくみかける。色艶をまったくなくし、性ホルモンの一滴も分泌していないような老人たちが思い入れたっぷりに演歌をがなっている。あれは疑いもなく過ぎ去ろうとしている生へのノスタルジーなのであろう。

その気持がわからぬわけではない。しかし私は否応もなく、そうした光景のうちに、自分の目前に迫った死を直視しようとはしない人間たちの精神的な醜さを感じ、それが老いの醜さというものなのだろうと思ってしまう。いくたびもそういう場面にあい、私のほうも繰り返しそういう思いに駆られた。そうなると、美醜の基準は究極的には死を迎えるに当たっての、いわばいさぎよさにあるのだ、というテーゼがいつのまにか自分のうちに固着してしまうのである。

ほかのタイプの老醜ももちろんある。差し迫る老いとその先にほのみえてくる死を見つめすぎたせいで、死の到来に脅えている老人たちもいる。孤独という精神的不安を何とか昇華すべく悪戦苦闘したが、ついにその戦いに敗れたというのならばまだしも、ただいたずらに死ぬのが怖いと戦《おのの》き、その恐怖を紛《まぎ》らわさんがために、年下のものたちに向かって自分の不安をだらしなく吐露《とろ》する老人もいる。これまた老いの醜さである。

死を意識するだけで美しい老いがやってくるわけではないということだ。しかし、老醜を避けるための少なくとも一つの必要条件が、「メメント・モリ（死を想え）」であることは確かだ。この単純な条件がとりわけ日本においてないがしろにされている。戦後における技術の繁栄と生命の繁殖のなかで、死を想わないばかりか、それを克服する精神の術を覚えないものが増えている。それはいうまでもなく、宗教の解体という世俗化の過程と、習俗の崩壊という技術的革新の過程とに深くかかわっている。だから、メメント・モリは単なる過去回帰のロマンティシズムになりはてているといって過言ではない。

しかし同時に、美しく老いていくことを忘れたために老人たちが処世においてすら、失態を演じつつある。生の充実を最後までめざすことを可能にするための一つの方法として、というより老人の処世における一つのマナーとして、メメント・モリの心性を取り戻す必要があるのではないかと思われる。私のいう「自然死の間際における意志的な死」はそうしたマナー以外の何ものでもない。

（『西部邁　死生論』「Ⅲ　死の意味」より、日本文芸社、一九九四年）

死生観が道徳を鍛える

日本は最長寿の国である。そして戦後日本人は生命第一主義に徹してきた。そうならば、最高の価値が世界最高の水準で実現されているのであるから、至福の気分に浸っていればよいではないか、ということになる。だが、そういう幸福感は誰の表情にも浮かんでいない。それどころか、街路や広場そして建物や電車のなかでみかけるのは、世界最高といいたくなるほどの、不愉快そうな顔相や身振りや言葉づかいの集まりである。つまり「虚無」の瘴気《しょうき》がこの列島を包んでいるように感じられる。

この瘴気の発生源を尋ねていくと、生命それ自体にこだわる戦後的な気分、態度、思想の塊にぶつかる。つまり、生き延びること以上に大事なことはないと構えたとたんに、生命は一切の価値を打ち砕く石臼に変じたのである。それもそのはず、延命のためには卑劣も狡猾《こうかつ》も、横柄も野蛮も、臆病も怯懦《きょうだ》も、裏切りも背信も、卑屈も屈従も必要になることが多い。自分がそのような人間にすぎないと内心で思っているものが、どうして明朗闊達《めいろうかったつ》に振る舞えるであろうか。

　ましてや、いかに長命でも死はかならずやってくる。延命という第一価値は絶対に実現されないのである。それればかりか、死を忌《い》みすればするほど、死への不安・恐怖が高まる。戦争におけるような死の実体は人々から遠退いていくが、そのぶんだけ、死の観念が心中深くに食い込んでくる。そういう生命第一主義の挫折のことを直観してのことであろうか、とくに若者たちは死の想念へと引き寄せられていく。死はまず映像として若者たちの脳髄に突き刺さり、次にその映像のなかの被害者なり加害者なりの立場に自分を同一化させて、自他への殺人に傾いていく。

　現に、そういう光景が我々の眼の届くところに広がっている。それは「生の本能《エロス》」と「死の本能《タナトス》」の葛藤なんかではありはしない。肉体的な生の繁殖が精神的な生を枯死《こし》へと近づける。つまり、生への渇望すらを萎えさせる。それゆえ精神がおのれの生を取り戻すべく、生の渇望が否応もなく湧いてくると想像される状態を、つまり殺人という危機的状況を、作り出さずにはおれなかったのである。このように、生命重視は生命軽視へと簡単に転化しうるのである。

　道徳は、さしあたり、人間の外部にある慣習として立ち現れてくる。しかしそれは、人間精神の内部にある、意義ある生を送って死にたいというういかんともしがたい価値への欲求が、歴史のなかで徐々に形を整えてきたものなのだ。そして「意義ある生」における最大の難関は、自分がどういうふうに死ぬのかという予期が現在の生の意義をすら左右するという問題を、どう解決するかという点である。つまり道徳の中心には、死に方についての知恵がなければならない。その知恵を軽はずみにも虚無主義と誤認したために、生命尊重主義のほうがおびただしい虚無を招き寄せ、ついに知恵なき殺人に子供たちを追いやっているのである。(以上原文太字)

生命至上主義について

戦後の「平和」「ヒューマニズム」「民主」そして「進歩」といった定型化された観念が社会に浸透するに当たっては、生命至上主義といってよい気分を国民の多くが共有してしまったという事情がある。

平和「主義」とは、簡略にいうと、人間が死の危険の少ない平和な状態で暮らすことそれ自体に最高の意味がある、という考え方である。次にヒューマニズムつまり人間「主義」にしても、人間は、試行錯誤をしながらも、少しずつ完成された知徳の状態に近づくという思想である。人間の完成可能性を想定してしまえば、人間が生き延びていることそれ自体に究極の意味があるということになる。

民主「主義」についても然《しか》りであって、人間の（すべてとはいわなくとも）多数派は、ヒューマニズムによって礼賛され平和主義によって守護されるべき良き性質を持っているのであるから、多数参加と多数決に特別の意味がある、とみなすことであり、つまりは多数者の生存を至高とすることだ。進歩「主義」も同じであって、変化はかならず良き結果をもたらすと確信することであるから、変化創造の主体たる人間の生命を至上ととらえることになる。

いずれにせよ、人間性への無批判な礼賛が陰に陽に行われてきたのである。そうした自己への疑念なき信念は、当然、自己への軽信をもたらす。自己の存在意義が軽信されてしまえば、自己が生命として存在しつづけること、それが価値の最高峰に立つことになる。だから、この生命至上主義をどう始末するかは、現代日本の思想的混迷を解く鍵となりうる。もちろん、生命という手段がなければ人間の生の目的もまた意味をなさない。しかし生命はあくまで手段価値を持つにすぎず、生命に目的価値はないのである。もしも人間の生が価値として否定されるべき目的しか見出しえていないならば、そして今後も見出しえないと確信されるのならば、手段としての生命もまた価値を持たない。そう考えるのが常識・良識というものである。

もちろん、人間の生命は他の生命の犠牲のうえに成り立つのである以上、生命至上主義というのは正確には間違いであって、「人間」生命至上主義といわなければならない。つまり人間とは何なのか、という問いが残るわけで、それへの回答は、人間には、その類《たぐい》まれな言語能力のおかげで「精神」が備わっており、その精神から価値の観念が生まれる、ということ以外にはありえない。しかし、それは精神主義とは異なるものである。精神に価値あり、とするほかに文明や文化について語ることの根拠を求められないということである。たとえ仮説としてでも、価値の源泉は人間精神にあるとしておかなければ、「より良き言葉を選ぶ」ことを本旨とする人間活動についていささかの言及も叶わず、ということになってしまう。

その意味では、今流行中の環境主義や自然主義の思想はやはり否定されざるをえない。生命礼賛の延長で、他の動植物も同じ生命ではないかと構えるのが自然主義および環境主義の特徴である。少なくとも世俗ではそのように受け取られている。人間のほかならぬ「精神」が、ある種の動植物を人間の仲間もしくは身近の関係者とみなしているので、それらの生命を尊重しようということにすぎないのである。つまり、自然主義や環境主義を受け入れたとしても、自然や環境を大切と思う人間の精神は何ものであるか、という問いを保ちつづけるほかない。

その人間の精神がおのれの死にたいして不安や恐怖を抱くということはあっさり認めなければならない。しかしその不安や恐怖もやはり人間精神の所産だということを認めなければならない。人間は、生きているあいだは死を体験していないわけであるから、死が何ものであるかを知り尽くすわけにはいかない。しかし人間は、死について自分の精神が考えることができる、ということを知っている。そして精神によって考えられた人間の死とは何かというと、ざっくりいえば、自分の生命の終焉《しゅうえん》とともに自分の精神も不連続に断ち切られるということだ。死のあとには、自分の精神にとっては、無としかいいようのない状態が待ち構えている。つまり、おのれの精神が無に向かって進んでいるということに人間の精神は不安と恐怖を抱くのである。

死の不安・恐怖への対処法は死について語りあうこと

かつてルクレティウス（前九四頃～前五五　ローマの詩人哲学者）が宗教の発生を論じて、人間の不安・恐怖を緩和しようとして宗教が創られたのだといった。たしかに、人間の死をめぐって宗教的な儀式が発達したについては、死にたいする不安・恐怖の意識があったに違いない。その不安や恐怖の緩和策が儀式として慣習化され制度化され、そのなかに自分の精神を閉じ込めているかぎり、死とは何か、死とともにやってくる無とは何か、などと考えなくて済んでいた。

しかし、そういう死にまつわる儀式・制度は昔のような形には復活しえない。なぜかといえば、人間がその儀式の意味するところをすでに知ってしまったからである。死の不安・恐怖の解消策だと知ってしまったら、その儀式・制度に自分の精神を埋没させることができない。たとえば、死後の自分は「あの世」にあるわけではないし、輪廻転生《りんねてんせい》で他の生命に蘇《よみがえ》るわけでもないと知ってしまった以上、死の不安・恐怖は死をめぐる宗教的儀式によっては解消されなくなる。このことが最も強く現れるのは、人間の精神について考えることを仕事としているもの、つまり知識人においてである。知識人が死の不安・恐怖に最も苛《さいな》まれているのは、彼らが死について語ることが多かったからにほかならない。

いや、現代人は、主として学校や情報機関を通じて何ほどかは知識人になっているのであってみれば、死の不安・恐怖に悩まされているのは現代人なのだということもできる。あっさりいうと、死んでしまえば、自分の身体は単なる物質になり、自分の精神は無と化す、と正しく知らせたのは知識だということだ。

そういう意味では、知識人は死の儀式を破壊してきた。そういうことをしておきながら、大方の知識人は、自分は家族に見守られて死にたいとか、自然に溶け込んで死にたいなどと呟《つぶや》いている。そういう知識人の自己慰安は許されてよいものではない。

というのも、家族の制度や自然の体系の破壊を率先したのは知識人だからである。家族は自由の妨げであり、自然は技術によって切り取られるべき対象である、という考えを知識人は推し進めてきた。それなのに家族や自然によって自分を死の不安・恐怖から守ってもらおうというのは、どだい虫がよすぎるし、またそういう便利な家族や自然はもはや姿を消したのである。

そうならば、現代人は、死の不安・恐怖が何を意味するかについて、精神を奮い起こして語ったり書いたりすることによって、自分の死について自己了解を試みるほかに手はないのではないか。書き言葉にせよ話し言葉にせよ、他者とのコミュニケーションのなかで行われるものであるから、死についての自己了解は他者との共同了解を何がしかは伴う。つまり、自分の関係者との共同了解をとりつけるというやり方だけが、現代人に残されている死の不安・恐怖への対処法である。

そしてその対処法の中心には、どういう死の形を選びとるかという問題が据えおかれている。つまり、自分の死を直視するほどに自由になってしまった人間の精神は、おのずと、どういう死を選択するかという自由の問題に直面せざるをえないのである。

安楽死・尊厳死という呼び方にたいする疑問

結論を先にいうと、思想的に一貫せる唯一の死に方は、シンプル・デス（単純死）、つまり簡便な自死を選ぶことである。自分が精神的存在としてもう活動できない、あるいはそれ以上活動すると自分のあるべきと思う精神の在り方を裏切る、という単純なことがありありと見通せたとき、そのときには自死を選ぶしかない。簡単にいうと、精神が死んだときには人間も死んでいるとみなし、そこでなお生き延びようとすると、自分の生命を目的なき手段に貶《おとし》めることだ、と考えることである。しかもそのように自己を貶めることは社会全体に、とくに自分の周囲に、負担を強いることである。それは人間の精神にとって認め難いことである。

自分が死んでしまえば、あるいはすっかり惚《ぼ》けてしまえば、そのときには自分の精神は不在もしくは失格状態になっているのであるから、死後や耄碌《もうろく》状態について考えてみても「致し方ない」というふうにいう人がたくさんいる。しかし、それは間違っている。というより「致し方ない」と考えることが不可能なのである。人間の精神は将来について予測したり想像したりすることができる。たとえば、自分が耄碌して徘徊《はいかい》老人になり、さらに植物人間となって延命したとき、自分の家族をはじめとする関係者がどう感じ、どう思い、どう振る舞うであろうかを、「現在において」予測・想像することができる。そして重要なのは、その予測・想像が現在の自分の生に影響を与えてしまうという点である。

一例を示せば、自分が、現在、「正義のためには死をも厭《いと》わないのが人間だ」と息子にいいたくなったとしよう。しかし、耄碌状態や植物人間状態になった自分の面倒を息子がみると想像すれば、その息子は「このように惨めな死に方をするのならば、正義のためには死を厭うな、という父親の科白《せりふ》には根拠はないのではないか」と思うであろうと予測され、結局、息子に向かって「正義のためには死を厭うな」とはいえなくなるということだ。自分の老後や死後のことを自分がどう予測・想像するかによって、現在の自分の状態が変わってしまうと考えたら、自分の死に方を選ばなければならなくなる。そういう方向に自分の生のコースを選んでいくほかなくなる。

そういう自死に単純・簡便の形容を付すのは消去法的な理由による。まず、安楽死という言い方は不適当と思われる。患者が瀕死《ひんし》の苦悩を長引かされているとき、それは、患者本人の苦痛のみならず患者の家族の苦悩のことを考えると、ヒューマニズムに反するとの理由で、延命装置を外したり致死物質を投与したりするのが安楽死とよばれている。

しかし、まず身体的な意味での苦悶《くもん》に終止符を打つのが患者本人の精神にとって安楽かどうかがわからない。まず、当人が意識において苦痛と感じていない場合があるし、身体的に苦悶の表情がいくらかあったとしても、それは生命体としての反応にすぎないかもしれない。また、事前に「安楽死」させてくれるように患者が依頼していたとしても、それはあくまで「事前」の判断であって、死に際しての判断はかならずしもそれと同じではない。したがって安楽ということがいえるとしたら、それは、大なる可能性で、患者の看病をしている人たちの苦痛を減らすという意味においてである。

しかし患者を安楽死させた「事後」において、その看病人は、自分の精神がもう少し強ければ、患者を生き延びさせることができたかもしれない、さらには医学上の奇跡が生じたかもしれない、という精神的な苦痛にとらわれるということもありうるのである。つまり安楽死の観念における苦痛、苦痛の減少というのは、死にゆくものにとっても、それを看病するものにとっても、いわれているほど確かなことではないということだ。

それ以上に適切でないのは尊厳死という言い方である。たとえば、医療器具のチューブを全身に突き刺されたまま延命するといういわゆるマカロニ症候群は、人間の尊厳に反するという言い方がある。しかし、それは人間の身体の通常の状態を尊厳とよんでいるだけのことである。人間の尊厳は、生命にではなく、それを手段とする精神的な活動のうちにこそ宿るというべきであろう。

たとえば、七十五歳まで卑怯《ひきょう》・狡猾《こうかつ》に生きてきて、健全な精神の痕跡《こんせき》をほとんど残していない人間に、たかだか楽な死に方をしたというだけで、尊厳死の形容を与えるわけにはいかないのである。尊厳死という言い方そのものが人間礼賛のヒューマニズムに立っている。だから、それには、人間精神の尊厳についてはことさらに考えなくてよいという含意《がんい》が隠されているのである。

結局のところ、人間の生命は手段的な価値しか持たぬという考え方を貫くと、精神的にみて、ここで自分の生命を終えさせるのが「良い」と判断したときに、自死を選ぶ、それが精神の安楽と尊厳を保つ死に方だということになる。それを単純（簡便）死とよぶのは、死という生命の終焉そのものには格別の意味はない、ということを示さんがためである。付け加えておくと、単純・簡便という形容には、周囲の人々に物理的厄介をあまりかけないような自死の形が好ましい、という意味も含まれている。

ただし、法律には許されていない自死の形態について、たとえば毒物や銃器の使用について、どう考えるかという問題が残りはする。原則論としていうと、法律に違反しはするけれども道徳には合っているということもある、と考えておくほかない。その場合、法律的な面倒を周囲のものに及ぼさないというのも自死の単純さ・簡便さに含まれることになる。

死の選択は生の選択にほかならない

周囲のものへの厄介・面倒という点で、最も配慮しなければならないのは、自分が自死を選んだことについて周囲のものが精神的苦痛を覚える可能性ということである。たとえば、自分が「ひそかに」毒物や銃器を手に入れて自死を選んだ場合、近親者が当人のそういう孤独な心境のことをあとから思いやって、苦痛を感じるかもしれない。その可能性が大いにあるということを当人はあらかじめ予測・想像できる。それゆえ、否応もなく、自分の関係者には、とくに連れ合いには、自分が自死を選ぶことについて、納得をとりつけておかなければならなくなる。そうしないと、自分の家族たちの精神的苦痛のことがあらかじめ予想されて、自分の現在の（死に至る）生が納得できないものになる。もちろん、周囲にそうした納得をさせるには努力が必要である。その努力の要点は、死の選択は生の選択にほかならない、と説明することにある。つまり、死と生は表裏一体であることを周囲に知らせることだ。

いうまでもないことであろうが、重要なのは意図的な自死ということであり、その場合の「意図」

とは、自分の精神のキャパシティを十全に活用することをさしている。つまり、衝動的な自死は、自分で選んだ死ではあるが、その選択は人間精神の活力を弱化・縮小させた結果にすぎないので、意図的な自死には入らない。

意図的自死にたいする常套《じょうとう》的な反論は、人間もまた生命体であるからには、その生命体を自分で死に至らしめることには、制御しがたい不安・恐怖がつきまとう、その意味で無理な死に方であるというものである。しかし、自分の生命の断絶よりも怖いのはその永続である。つまり絶対に死ねないことが死ぬほどに怖い、という逆説を人間精神は抱えている。というのも、この世に生起する事柄は、一見新しそうにみえても、基本的にはかつて生じたことの焼き直しであり修正にすぎないということを、人間精神は晩《おそ》かれ早かれ洞察するに至るからである。おおよそ知悉《ちしつ》した事柄が無限に繰り返すことに人間精神は耐えられない、少なくとも耐えられないであろうと予想する。逆にいうと、納得がいく死に方という条件付きであるが、死ねるのは死ねないのよりもはるかに安楽だということである。

死が怖いのは、死が近づくにつれて押し寄せてくるであろう後悔の念のせいではないのか。あのときああしておけばよかった、これからこうすることも生きていればできないわけはないのに、などといった後悔の念が死の不安・恐怖として押し寄せてくる。人間は完璧に生きることはできないので、後悔の念を完全に振り払うことはできない。しかし、自分の人格の形がおおよそ定まるあたりから、後悔ができるだけ少なくてすむような生き方を選びつづけていれば、その生が自分の能力のおおよそ限界なのだと納得がいく。つまり死の間際における後悔が無駄なことだと了解できる。

そして、後悔の念をできるだけ少なくするためには、自分の心身の最終点である死について、納得できる形で死を選びとること、それへ向けて自分の生を追い込んでいくことが必要である。換言すれば、自分の将来における納得的な死から自分の現在を眺めること、そして自分の現在の生にもとづかせて死をみつめること、つまり生の展望における現在（それには過去が内蔵されている）と未来のあいだの相互応答によって、つまり生と死の表裏一体化によって、後悔の念を封じることができる。

死の選択のことを抜きにして、老人介護問題を論じても詮《せん》ないのではないか。いわゆる核家族化の進展のなかで、公的介護が必要となるのはやむをえぬ成り行きである。老人の介護は本来、家庭の仕事であるのだが、核家族はその仕事を担い切れない。三世代同居が、老人介護の点からいえば理想なのであろう。しかしその条件が整う気配は少しもないし、また老人介護を唯一の事由とする同居は、晩かれ早かれ、挫折に向かうであろう。

そういう制度論をやる前に、老人がまず納得のいく死の迎え方を身につけなければならない。連れ合いがいるかどうか、孫子がそばにいるかどうか、それは第二次的の問題にすぎない。本人がいかに死ぬか（＝生きるか）によって必要な介護の質量も変わってくるのである。介護の議論は、生き延びることそれ自体に最大の価値をおくところから始められている。そのことを疑うのでなければ、介護は単に物理的・経済的な問題であるにすぎない。死を選びとる老人が人生の最終局面で、いかなる人間関係を取り結ぶことができるか、というふうに構えるのが老人問題を考えるに当たっての本道なのではないか。

死の選択にかんする心の準備を繰り返すこと

昔のように、戦争や天災そして飢えや疫病が避けようもなくやってくるのなら、そういうときは死ぬものと心の準備をしておけばそれでいいのだが、現代文明はそういう外部から訪れる死の危険や危機を制御しようとする。したがって、そういう危険・危機における死の覚悟がほとんど空理空論に化していく。それで、最も考えやすいケースは、自分がまず内部から死に向かうということ、つまり老衰や病死に向かうとき、いかに意図的な自死を選ぶかということになる。

たとえば「おまえの命はあと一年だ」という医学的な診断が下されたとする。その宣告通りに生きていると、最後の三カ月、死の苦悶を自分および周囲にさらすことになる。もちろん、誤診の可能性もあるし、医学における例外状態として病気が治ることもある。しかし、医学の診断が正しいと仮説し、周囲の了解を可能なかぎりとりつけた上で、自分で自分の生命に早めに終止符を打つ、それが現在の日本において最も起こりやすい形の意図的自死である。

いや、自死の選択は老衰や病気においてだけ突きつけられるのではない。今でも、勇気と思慮そして正義と節度、といった徳が完全に死に絶えているわけではない。そして、それらの徳を守り抜くために自分の生命をかけなければならないという局面が現在でも起こりうるのである。たとえば、自分の目の前で自分にとって大事な人間が辱《はずかし》められており、そこで自分が死ぬことを覚悟して抗《あらが》えばその人を守ることができるかもしれないという場合がある。死を賭《と》して他人を守るということについて、家族をはじめとする周囲のものたちの了解をあらかじめとりつけるか否か、それが家族およびその周囲の在り方を変える。または、自分があまりにも不当な形で不名誉を被るとき、相手を殺して自分も死ぬ、という選択をなさねばならないことが今でもありうる。家族や学校、政治組織や宗教組織あるいは会社やコミュニティのなかで、そういう死の選択に際会《さいかい》するかもしれないと考え、それについて自分の意志を見究《みきわ》め周囲の了解を固めておかなければならない。

そういう努力がなければ、国家のためとか人類のためというような科白は、空語にすぎなくなる。そういう意味において、死の選択にかんする思考実験を繰り返す必要があるし、その繰り返しによって意図的な死の実行も容易となるのである。

臓器移植をめぐるヒューマニズムの間違い

意図的自死の視点に立つとき、いわゆる臓器移植を別の角度から議論することが可能になる。精神的動物としての人間にとって、自分が深く長く情愛や信頼を寄せている人間にたいする臓器の提供は認めなければならない。というのも、その人間がいなくなれば自分自身の精神が混乱や崩壊に誘い込まれるからである。

だが、人間の生命一般が延命に値するとなると、醜いことが生じうる。脳死状態になった自分の息子の臓器が匿名の誰かに移植されたとする。しかしその誰かは実は悪党でもあるかもしれない。その人物が核戦争のボタンを押して百万人を殺すことになるかもしれない。そこまでいかないとしても、自動車運転のルールをすら守らず、五人の人間の生命を奪うことになるかもしれない。そう考えると、自分が臓器移植について責任を持てるのは、自分が「良い」と思う相手だけだということになる。未来のことについて正確な予測は下せないのだが、自分に納得のいく予測として、この人物は大丈夫と思われる相手には、臓器移植を行っても構わない。それが価値ある精神の形を守り抜く手立てだと了解できるからである。

人間一般の生命を延長させることを是とする臓器移植の思想は間違っている。それは、過《あやま》てるヒューマニズムの発想にすぎない。自分が臓器のドナーとなる登録をしていても、実際に脳死状態になれば、レシピエント（臓器受領者）が自分の臓器を譲るに値する人物かどうかを判断できない。そのとき、自分の信頼できる人物たち、たとえば家族にその判断を委《ゆだ》ねるほかない。あるいは比較的に公正と思われる第三者機関にレシピエントの選別を任せることになる。いずれにせよ、臓器移植が一般的に是か非かを論じるわけにはいかないのである。強いていえば、人物についての価値判断が至難であることを思えば、現在におけるような臓器移植の一般的是認論には異を唱えざるをえないということになる。

他方、脳死判定にたいする次のような反対論も受け入れ難い。たとえば女性の脳死者に出産能力があると判明している。その脳死者から臓器移植をすれば、もちろんその胎児も死ぬ。というわけで、脳死をもって人間の死と定めてはならぬとする意見がある。しかしこれもヒューマニズムの間違いに属する。結論をいえば、胎児を持った脳死者という死者の臓器を摘出してはならない、と決めればよいだけのことだ。

脳死者も生者だとしてしまうと、逆の危険性が見込まれる。極端な場合をあえて挙げると、人間のうちにはネクロフィーリアつまり死体愛好者がいるのである。だから脳死者との性行為に及ぶものがいる、それも人間の可能性だとわきまえておかなければならない。精神の介在する余地のない性行為は、原則として、不徳かつ不法としてよいのである。いいかえれば、精神活動の死が人間の死にほかならないということだ。脳死者の胎児についていえば、可能性としては、精神的存在である。その可能性を大事にしようとすると、そのような脳死者からの臓器提供を禁じるのは、その胎児の可能的精神に価値をおいてのことであって、脳死者を生者として尊ぶことではないのである。

死における人間の根源的平等

話を戻すと、死の選択および死後の処置については、自分で思索を重ねるのみならず、関係者との語らいが必要なわけだが、それのもたらす副次的効果もけっして小さなものではない。

死について語り、そして周囲との了解が高まるにつれ、死にたいする不安・恐怖が衰えてくる。ほかの言い方をすると、死の不安・恐怖を死についての語らいによって飼い馴らすこともできる。沈黙のままで死に直面していると、太陽と死は直視するなかれ、という格言が教えるように、死の不安・恐怖に取り込まれていく。反対に、死についての表現は、死と生とのあいだに言葉という媒介項をおくことになり、それが緩衝帯《かんしょうたい》となって、死を飼い馴らすことができる。ここまで死について考え尽くしたのだから、死がいつ訪れても怖くはない、という心境に少しずつ近づくことができる。死の不安・恐怖のことがことさらにいわれるのは、実は、死についての語らいが不足していることの現れなのだ。死についての精神の怠惰《たいだ》が死についての精神の痙攣《けいれん》をもたらすのである。

たとえばチベット仏教にみられる『死者の書』は、それ自体としては、嘘話である。しかし、死にゆく人間がいかにして三途の川を渡ったかというような話でも、真っ当な人生を送った人間はめでたくあの世にゆくことができると思わせることによって、瀕死者を死の不安・恐怖から逃れさせることができる。

しかし現代人は、そういう昔風の語りには納得しない。『死者の書』のようなものを信じるのは狂気であるし、それを信じると称するのは詐欺師である。つまり現代人には、あくまで生者の書として、死を語り積み重ねていく以外に死を飼い馴らす方法はないのである。

だが、その語りにおいて、自分の闘病記などを公共的な情報機関で報告するというふうなことは、基本的には、許されないことである。なぜといって、まず闘病記なる代物《しろもの》についていえば、書かれるべきは闘病記ではなく自死決行記でなければならない。人間はいかにすれば自死を遂行できるかを世間に知らせるのは、有益な行為である。しかし、死ぬことを予定せず、生きる意志とそのための方法のみを記したような〝生き抜くための闘病記〟は、安直なヒューマニズムを世間にばらまいているにすぎない。

のみならず闘病記の発表には、一般に、不公正がつきまとう。闘病記の発表者は、一般に権力者や著名人といった、特別の立場にある。許し難いのは、彼らはその闘病記の発表によって自分らの死の不安・恐怖を和らげていることである。自分の病気との闘いが世間から感心されることを期待し、そうなることによって自分の死に意味を与えているわけだ。それ自体は頷《うなず》ける行為なのだが、見逃しにできないのは、死の不安・恐怖における不平等という点である。特別者だけは闘病記の公表を通じて死の不安・恐怖を小さくすることができる。大方の人々は、そういう機会に恵まれず、たとえば裏町の薄汚い病院で自分の貧しい家族だけに見守られて、人知れず死んでいく。

この世は不平等から逃れえない。格差を背負って生きればこそ、人間の自由に意味が宿ってくる。しかし格差が許されるのは、人間が根源において平等であるとされているからであり、その根源的平等の最たるものが、死における平等なのである。金持ちであれ貧乏人であれ、上層階級にいるにせよ下層階級にいるにせよ、人間が死にたいして抱く不安・恐怖は、基本的に平等である。しかも、死は人生の些事《さじ》ではなく、まさしく決定的な出来事である。そうした死における平等性があるからこそ生における格差が、基本的には容認されて然《しか》るべしということになっている。著名人の闘病記の公表は、その死における平等性を乱すという意味で、道徳的には認め難いのである。

生命至上主義がニヒリズムを蔓延させる

生命至上主義は近現代における最大の不道徳といってよい。なぜなら、人間が生き延びることを第一義としてしまうと、法律に違反しなければ、いや違反しても発覚しなければ、延命のためには何をやってもいいという虚無主義が蔓延《まんえん》するからである。生命至上主義は、人命という手段価値にすぎないものを至高の高みに登らせることによって、目的についての一切の価値判断を放棄させる。その意味で、人命はニヒリズムの苗床なのだ。

そうした生命をめぐって自分の内部から起こってくる不道徳の根を断つには、自分の生命を自分で抹殺してしまうこともありうべし、と構えるほかない。どういう徳義を守るためにどう死ぬべきか、そのことを価値観の最高峰におけば、自分の生命から不道徳が生まれるという人間の最大の弱点を、あらかじめ封殺することができる。

意図的自死について考え語ることが一般民衆の習わしになるということは、おそらく、ありえないであろう。しかし、少なくとも知識人にあっては、イデオロギー（観念の体系）について語るのが彼らの仕事であるからには、虚無主義によって自分の精神が食い荒らされるのを防ぐべく、自死について考究しなければならない。というのも、みずからの語る観念の体系が人命の前では発言力を持たぬと承認するのでは、知識人は単なる臆病そして単なる卑怯の代弁者にすぎなくなるからだ。近代知識人がそういう価値からの逃亡を企てつづけてすでに久しい。そうした逃亡者になりたくないのなら、価値について語るものはすべて、死生観について一貫せる思想を組み立てざるをえない。死の不安・恐怖のうちで最大のものは、それまでの自分の生が無意味であったと思うニヒリズムにほかならないのである。

もちろん、誰しも死んだ体験がないからには、死については語りえぬものが多々ありはする。しかし、そこで死について沈黙したままでいると、ニヒリズムに足をすくわれる。語りがたいことをあえて語ってみせるためには、自死の思想を探求しなければならない。死ぬ気にならなければ、死に向かって生きる気力が湧《わ》いてこない。

そして自死について語っているうち、語りは何ほどかはつねにパブリックなものであるから、その言葉のパブリックな連関のなかに自分の生＝死がおかれることになる。つまり、自分の言葉に公的な責任を持たなければならなくなり、そこでようやく人間に死ぬ勇気が備わることになる。つまり価値についての公的な発言は、それへの有力な反証が挙がらないかぎり、みずからその実行を引き受けることを要請する。そうなのだと予定したときにはじめて、自分の生＝死にインテグリティ（過不足のない筋道）が伴うことになり、それが死に甲斐および生き甲斐の根拠となるのである。

（『国民の道徳』「31死生観が道徳を鍛える」、扶桑社、二〇〇〇年）

「死に方」について考えていると、わずかな余生についての「生き方」をも考えざるをえなくなり、困ったことに書き残したものが少しはあると思わずにおれなくなる

この男が五十五歳という比較的に早い時期に『死生論』を書いてしまったのはなぜか。自分の生の最後を自己解釈しえない思想、それは脆弱な精神だとみなさざるをえなかったからだ。で、この男、「覚悟」を決めようと思った。覚悟を決めるほかない事情に自分はあるのだと考えもした。自分で発刊した月刊誌『発言者』の発行維持、自分が責任を持つしかない子供たちの成長過程、「来る者は必ず去る」といった調子の執筆者諸氏の挙動に彼は耐えるしかなかった。さらに、左翼からは右翼雑誌と決め込まれ、右翼からは（元左翼過激派のものにふさわしい）反米雑誌と警戒され、あまつさえ世を覆う「改革騒ぎ」をひたすらに批判するのに当誌が明け暮れするのに反発したのか、一般読者のほうも少しずつ離れていく。いや、近年、その継続誌の『表現者』に読者増加の気配もあるのだが、ほんの僅かにとどまる。となれば、当人のほうも「覚悟を決めざるをえなくなる」。つまり、正体不明の心理ながらも、自分の生き方をつらぬくのに「不退転」の構えに入っていかざる

をえなくなったわけだ。

覚悟ということについて考えていくと、その論理の果てに「死ぬ覚悟」の問題が出現する。で、かつてもその書を物したわけだが、「戦争のない状態」もっというと「強者によって弱者が平定された状態」としての（ピース「平和」の語源たる）パクス「被平定」のなかで死を考えるのは結構に難しい作業だ。三島由紀夫のやったような（見通す限りの未来において）無効の集団的決起などはしないとすると、残るのは（事故死を別とすると）「耄碌と病気」にどう対処するかということだけとなる。その平凡事が実は難しい選択問題なのである。

この男、「自分が家族や友人や社会に何の貢献もできないのに、彼らや彼女らから世話を受けることばかり多き」という状態に入るのでは、死ぬ甲斐も生きた甲斐もなくなると考えてきた。また病院での死における「安楽死」とか「尊厳死」とかの要求も莫迦げたものに聞こえた。一般に、死にゆく者もその周囲にいる者も人の死に安楽を覚えるはずがない。また、そういう心理計算は「苦痛の減少が安楽だ」ということで、そんなのは安直かつ平板な（ジェレミー・ベンサム流の）功利主義だ。尊厳死とやらについては、人間の尊厳の最後の一片をも奪いとるような延命法は言語道断とはいうものの、その人格の全体として、尊厳に値するはずもない人間なる者に、尊厳のほんの一片（植物人間化の阻止など）を与えたとて、その死の全体が急に尊厳味を帯びるわけもないのである。

で、彼はシンプル・デス（簡便死）を選びとる、と五十五歳で公言した。要するに、じきに死ぬと察しられたら、実行力の残っているうちに、あっさり自裁するということである。あるいは、ひとたび意識的に生きようと決意した者は、おのれの死にあっても、意識を保持したいと思うに違いないのであるから、自裁が最も納得的な死に方となるのである。自裁の方法についても多少は考えたが、自分および周囲の者たちに面倒をかけるのが最も少ないのは「ピストル自殺」であろうという結論にすぐなった。一つに、ピストル入手という不法行為を慎重にやってのける可能性が当時の彼には少々与えられていた。二つに、普段から（然《さ》り気なく）「被平定の時代における自裁の意味」について周囲を納得させておく能力も自分にはあると彼は考えた。この二つの行為に怠りなきを期すこと、それがこの男の死の実践論となったのである。

ところが、六十歳近くにひそかに当てにしていた短銃入手先の二人の人物が立て続いて――一人は自殺（もしくは敵対する反社会的勢力によるひそかな被殺戮）、もう一人は肝臓癌で――亡くなってしまった。おまけに、自分が（たぶん酒癖や夜更かし習慣や旅行疲れからやってきた）激越なアトピー症で悩まされる始末となった。

それを東洋医学で三年かけてやっと克服したと思ったら今度は自分が妻を看病する立場になってしまったわけだ。妻の余命は半年ばかりとの西洋医学の医者からの宣告をはねつけるべく、東洋医学の鍼灸治療を中心にして八年間延命させるのに四苦八苦しているうち、自分の自裁の手立てについては（忘れたわけではないが）妻を看取ってから再考するという成り行きに至ったのである。その間、何冊もまあまあの本も書いたはずなのだが、何であったか、今は思い出せない。

　妻に先立たれたあと、この老人は頸椎の折れ曲がりからきている全身の痺れと痒みとに対処するためある東洋クリニックに週一回タクシーで通っている。——事後報告してしまうと、そこの医者の言動が老人には次第に異常味を増しているとみえはじめ、つまり患者がわからすると「メランコリー型ヒステリー性パラノイア」の印象が強まるばかりとなり、結局は東洋医学からも離れてしまった。医学といえども、治療の段階では、人間関係のなかでの実践であるからには、「時と処と立場」に応じて訣別しなければならぬ状況がやってきうるということである——。いずれにせよ老人は近所に流れている何本かの大きな川には何かにつれ接するのであり、そのたびごとに河原をじっと眺めている。「深夜の短銃自決」にどこが向いているかを調べているのである。めぼしいところがみつかったが、それについてはむろんここでは報告しない。何といっても、その前に肝腎の自裁の用具を入手する計画を組み立てなければならない。だが、それは（とくに暴対法ができて「刀狩」が徹底されてからは）極度の秘密を要する作業なので、この半生人だか半死者だかにはそれを順調に進めるのは難事である。もっとはっきりいうと、用具調達についての具体策、その困難に挑戦するのが目下の急務となっている。

　で、「まだ生きている」という状態において、人間や社会についての思想的であったり時評的であったりするクリティーク（批評）の仕事を続けている。その仕事は社会的影響としてはあらかじめ無効と想像も予想もできるので、またしても自分の死に方をどうするか、それが焦眉の課題となってくる。といえば簡単だが、それは「死ぬまでどう生きるか」の選択問題も含むので、当然とはいえ、「やれたはずなのにやり残している」ことが自分に（ほんのいくつかとはいえ）あると認めるのほかなくなる。一般的にそう思うのではなく、「あれとそれをこういう形でやっておく」という個別的で特殊的で具体的なプロジェクト（自分を前へ向けて投げ出すこと）となって思いついてしまう。——といった次第でこの文章も書かれているわけだ——。

誇張と聞こえるのを恐れずにいうと、「生きているとプロジェクションが生じ、で、それをさっさと終えてしまおうと、半分麻痺した身体とほとんど限界に達してしまっている表現力とを酷使する」毎日が続く有り様となる。とはいえ、この生と死の（決断選択における）矛盾は騒ぐべきほどの問題ではないと見当もついている。つまり、物語としての人生にあっては、日々の時間が経過していくなかで、ジ・エンドの局面がかならずやってくるのだ。

老いて死ぬとはそういう何の変哲もない短い時間の流れのことなのであろう。ここで変哲がないというのは、「死に際しても意識を保つ」という意識のはたらきが、それを健全とみるか病理とみるかはともかくとして、人間の逃れ難い条件だということだけをさしている。もちろん意識の強弱や鋭鈍は年齢に応じて変わるではあろう。しかし、人間は自分の意識が麻痺なり痴呆なりの水準にまで落ちるのを最も恐れるのではないか。中国風に「水に落ちた犬を打て」とごとくに老いを軽んじようとしているのではない。自分が精神の痴呆者や身体の麻痺者となって単なるパブリック・ニューサンス（公共社会への迷惑、公害）となることを予測・予想・想像するのは堪え難いと考える人間が何ほどかはいて、この老人もそのなかに入るということである。

老人は、昨年（平成二十五年）、三橋国民という九十歳を越えた画家が「輝ける死」という作品を描いていると知った。その画家は（十万余の日本兵がジャングルのなかで餓死した）ニューギニア戦線の生存者だという。彼のいう「輝ける死」とは「密林のなかで骨と皮だけになって死んでいった」自分のかつての仲間たちにたいして、「国家のための餓死」という名誉を与えたいというのである。何という凄い思想であろうとこの老人は感嘆した。

今、日本列島人は大義名分なき時代に生まれて死んでゆく。「国民とその政府」（国府――「府」とは「家」のこと――）としての国家がすべての大義名分の源泉だなどといいたいのではない。自由、民主、平和、進歩その他あれこれの公的な標語が、無に帰すどころか、資本主義が異常な社会格差を作り出し民主主義が狂気も同然の世論人気に舞い上がるという形で、社会が詐欺の場と化すことを典型として、ディストピア（悪夢のような場所）を作り出しているのがこの世界である。そんなところで、「死の輝き」は可能かという問にまともな答が出るわけがない。経済や政治に（文化にかかわるものとしての）「自立と自尊」の根拠たる「ナショナルなもの」を、解釈と実践の両次元で、確認できてはじめて「おのれの死に、一定程度、納得する」、それが人間精神の（とくに瀕死の状態における）輝きとなるのではないか。そうした輝きを（せめて自分とその周囲の者たちが）感得できるような死に方を選ぶのが、宇宙的（かつ宗教的）なナチュラル・ライト（自然の権利）などとはいわぬものの、人間の生におけるナチュラル・デューティ（歴史的当然の義務）なのだと考えられる。

（『ファシスタたらんとした者』「14「自分の死」としての「連れ合いの死」そして「死相の世界」のなかでの「エッセイイストの末期」」より、中央公論新社、二〇一七年）

後期高齢者の独個心

どのように死ぬかの「具体策」にしか関心が持てない

人間が孤独から逃れられないことについて、この男、父の妙な挙動のことをずっと覚えている。彼が三十六歳、ということはその父が六十四歳の頃であったろうか、仕事の途中で、大阪府・貝塚で兄と一緒に暮らしていた父母のところに寄ってみた。昼過ぎで、母と兄嫁が迎えてくれたが父の姿がない。聞けば二階にいるという。で、挨拶すべく二階に登ってみたら、父がゴロリと横になって俗流週刊誌のグラビア欄に眼をやっていた。

話はそれだけだが、この男、その光景に、自分の父親のどうしようもない孤独の気持ちを思いやらずにはおれなかった。わざわざ階下に降りて、次男坊と「やあ、やあ」と挨拶を交すことに何の意味があるのか。そのかわりに低俗なグラビア写真をみていたとて詮ないにきまっているのだが、何はともあれ父には腰を上げる気力が湧いてこなかったのであろう。

この男の父は、六十歳代の初めに軽い脳梗塞を患って以来、自分の幼い折の記憶の諸断片を思い出すという生の形のなかに閉じ籠もったようだ。かなりに複雑な記憶と、それを思い出すに当たって相当に厄介な思い出の絡まる生き方とをせざるをえなかった、それが父の人生であった。で、自分の殻のなかに入り込んでしまえば、一丁前の社会人面でやってきたと（父には）想像できる次男坊なんかに挨拶すべく起ち上がるのは、法外な気力を要する作業で、そんなことを父はしたくなかったのであろう。父のその無気力に、今のこの男には、真底から同感し同情できるのである。

七十二歳で死んだ父よりすでに五年も長く生きてしまってはじめて、この男、今になってようやく、父の深く長い憂鬱のことが察しられる気がしている。と同時に、自分はそんな憂鬱にすんなりとはまってなるものかと深く決意してもいる。「鬱」は「樹木の枝が茂っている様子」のことだが、その鬱勃を放っておくと枝葉が絡み合って鬱陶しく固まってしまい身動きがとれなくなる。その精神の鬱陶しさが父の身体をして胃癌さらには肝癌へと導いたのであろう、とこの男は想像している。その轍にはまるのは、この男にとって可能性の高い近未来であるだけにかえって、是が非でも避けたいのである。

父が亡くなる何年か前、母がこの男のところにやってきて「お父さんが自分らの最後の人生を六畳一間でよいから二人で暮らそうといってきかないのよ」とこぼしにきた。「仲のよい老夫婦だから人生の最後をそのように二人だけで過ごしたいのか」くらいに聞いていたら、少し驚いたことに、「お父さんのあの鬱々として楽しまぬ顔を、これから毎日、間近にみているのは辛い」と母がいう。

両親は、結局、特別なことは何事も為さなかったのだが。男はそのとき知った。まったく普通の、しかも長きにわたって戦時・戦後の危機を何とか協力し合ってくぐり抜けてきた男女関係の足元にも、床板を一枚剝がせば、煉獄が口を開いて二人が手を携えて落ちてくるのを待っているものなのだと。

振り返れば、この男、幼いときも若いときも、成人しても老人になっても、自分の心中の奥深くに憂鬱の気分が胚胎しているのを自覚していた。そのせいで、それを表に剝き出しにするのを極度に嫌い、活力を他者に示しつつ生きよう、さらには活力をふるって明るく死のう、と構えるようになった。妻を看取ってからの三年、冷静にみれば「異性・友人・思い出・書物」の最大限綱領が最小限に落ちていくせいで一種の病理に自分の精神が罹っていたのかという気がせぬでもないが、それは自分がベッドに仰向けになって電動マッサージを受けているあいだだけのことで、人前では闊達に喋りかつ飲んでいる（はずである）。神経痛の悪化のせいで酒を飲めないあいだも、ノンアルコールの飲み物をアルコールと見立てつつ、「酔いの記憶を思い出して」、あたかも酔っているかのように会話を楽しんでいる（はずである）。

しかし人間の生には、死すべき者として、限界がある。妻のあと自分にも死がすぐそこにまでやってきているのが彼には如実に感じられてならない。執筆も座談も講演もＴＶ出演も大過なく――自慢していえば人並み以上に――こなしつづけてはいるものの、しかし、「あゝ、俺は死につつある自分と戯れはじめているのだ」といった気分が胸元から喉元へと押し上げてくるのを止めようがない。生の穴ぼこから死がこちらをじっとみつめている気がしてならぬときが幾度もある。先人たちもこのようにして死を迎えていたのかと思うと、ベッドの上で眠れぬまま、「父や母や妹や妻をはじめとする死者に、父を励まし母を慰め妹には謝り妻には〝お前を失っていと惜しい〟と愛《いと》しみの声をかけてやりたい」、と望んでも詮ないことが望まれてならなくなる。

この男はわかっている。第一に、自分の精神がいくら超俗をめざそうとも、「そこに霊魂の住まうあの世」が待っているという宗教者（および超越論的な哲学者や美学者）連の御話はブルシットとまではいわぬが御伽話なのだ、御伽話は嫌いではないがそれを真説めかすのは詐話なのだと。いわゆる日本的浪漫における日本人の魂を世界に冠たるもの独得なものと見立てた上で、その実在を信じるという保田與重郎や蓮田善明の流儀には与《くみ》できなかった。真善美は、求められるべきであっても信じられうるものではなかったのである。第二に、自分の身体の奥底にいかに深入りしようと（医学とやらの助けで）励んでみたとて、それに応じて未知さらには不可知の領域とそれに特有の難問が次々と生じてくるに違いないと見当がつく。言い換えるといわゆる身体論をもって精神の矛盾を埋めようとするやり方には味方できず、逆に身体のほうこそが精神によって動かされていると思われてならなかった、ということである。第三に、この世の選択基準の同一化・構造化を探索したとて、最後に零象徴だかナッシングネス（無）だかに達するはずで、そうと察しつつも、しかし生きているかぎり当座の選択に心身を任せているのがこの自分なのであってみれば、そんな到達点は机上の居眠りが紡ぎ出した夢想にすぎない。第四に、生の選択肢が無限に差異化・多様化するといってみても、その無限の前で自分は立ち往生する以外にないのだから、それも生を括弧に入れたままの狂想にとどまる。要するに、垂直の上下と水平の左右の果てをおぼろに遠望できるだけの存在たる人間は、少なくとも自己の死の選択については、宗教にも科学にも、哲学にも芸術にも頼るわけにはいかないということだ。

それにしても、日常生活と自己体験における感情の要素と国家制度と時代意識の要求という要素とに拘泥することの多かったこの男が、なぜ、具体的な慣習や具体的な事実「そのもの」にはさして関心を払わず、つねにその事実の「意味」とそれらの事実のあいだの関係の「意味連関」とに注意が行ったのか、つまり「意味構造主義」と呼ばれて致し方ないエッセイの文体をとったのか、その実感というものを侮蔑しているとみえるやり方に、自分でも少し不思議に感じていた。

この「構造主義者」となるゆえんを自己解釈してみると、「いずれ死すべき存在としての自己」という認識が言説および行為の根底に横たわっていたからだと思われる。で、この男にあって感情は激することが少なく、怒ってみせる際にも「論理的に怒っているのだ」という限定を付けることも忘れなかった。要するに「自他および両者の関係へのインタープリテーション（「価値《プレシャス》あるもの」の「中《イン》」に入ること）に精出そうと構えていたということだ。解釈さえできれば相手の莫迦ぶりも乱暴ぶりも錯覚ぶりもすべて許容できるのであった。

　正気の気分を保っている人間にあっては（事故死のことを別とすると）日常性の範囲内で「生き、やがて死ぬ」と自分の未来を見積もって外れるわけがない。といえば簡単すぎるが、つまるところ、自分の老衰、さらには、病状の進み具合を冷静に判断し、家族や親戚や医者・看護婦などの他者とのかかわりにおける社会的かつ心理的な関係の変化の様相を可能なかぎり的確に予測・予想・想像して、自分の「死に方」について具体性を持たせて決意するということだ。

　その具体性の内容如何では法律の問題がかかわってくることもあるであろうが、それもまた法律の網をいかに的確にかいくぐるか、というふうに具体的に構えるしかない。あえて単純にまとめてみれば、自分が他者にたいして与える（物心両面にわたる様々な形での）貢献に比べてその迷惑のほうがあきらかに上回る生の局面に入ろうとしていると判断されるなら、一方の極での「どういう手段で自裁するか」ということから他方の極での「どのホスピスで孤独な死を迎えるか」ということとのあいだでの、数ある死に方のうちのどれを選ぶか、自分の判断力と行動力がまだはたらいているうちに、自分で決断して実行するということである。

　自分が真善美の実在を他者に知らせるための手段としておのれの命を提供するという物事の立て方もこの男はとりえなかった。それが可能であったのは、神風特攻がそうであったように「国家をめぐる真善美の在り方を探究する意志を後世に伝えるために自分の命を犠牲に供する」というところまでであったのだ。今はそんなことの通用する時代ではもうなくなったのである。

この老人が、五十五歳で決めたそれについて判断（『死生論』）を、雑誌出版の雑事と妻の死病とにかかわったあとも変更することがなかった（『妻と僕』、『生と死、その非凡なる平凡』）。

しかも彼は、自分の選ぶ死に方について家族や友人を相手に時たまに喋る、ということをあえてやりつづけている。なぜそんなことをしているのか。一つに、自分の死にかんしてのちに起こりうべき誤解をできるだけ小さくしておきたいと望んでいるし、二つに、そのことと関係して、周囲の者たちは（何度もその男から当然のこととして聞かされていたことであるから、そこでできる習慣性の気分として）「ああ、あのことが実際に生じたのか」とあっさり見過ごしてくれるはずだと期待しているからである。つまり彼の予定してきた自死はあくまで「社交」に結末をつけるためのものであって、そこに真善美の意味は一片も籠もってはおらず、それはほとんど物理的必要に対応するという種類のものなのである。

自分の死後における周囲の反応を気にするというのは余計なことであろうか。彼はそうは考えなかった。なぜといって、「自分の死後についての予測・予想・想像が現在の生の在り方に影響する」、つまり「未来への予期にもとづいて現在を生きる」ほかないのが人間の時間意識というものなので、その生のなかに自分の死後が入っていて当然なのだ。今の生を少しでも真っ当なものにするには、自分の死にたいする周囲の反応がいささかでも穏当なものになるように、今のうちに自分のほうで努力しておくということである。かくして、何はともあれあれこれの工作をして、彼は自分の死に方についての具体的な準備をやっと完了し、そのとたん、死についての屈託がほとんどすべてすっと消えてくれた。

こんなことにわざわざ気を配らなければならないのは、「平和な国家での長寿人生」が強いられているから、という事情も関係しているであろう。国家を守るために若者が命を賭し、若者とその家族を守るために老人が命を捨てる、という（時代の要請する）絶対的必要があたうかぎり小さくなってしまったということなのかと思われる。それらが小さくなれば、人間の言葉と行為に死活の重みというものが籠もらない。そこで起こるのは、「生き延びることそれ自体」を最高の価値とすることの必然としての、徳義における堕落であり、その堕落と馴れ親しむのが「現代における最も不気味な訪問者」（F・ニーチェ）としてのニヒリズムである。

この老人、齢経るにつれ、アンドレ・マルロー（がその嚆矢とされている）流儀のアクティヴ・ニヒリズム（活動的虚無主義）には意義を見出せないようになっていた。若い折に、アクション（活動）を反政府・反日共の一点に絞るという事態の成り行きのなかで、若き日のマルローに代表される「既成の価値をすべて疑いつつ極端な行動に走る」ことを好んでいた。その繋がりでヒットラーの『我が闘争』をすら受け入れていた。そんな自分の姿を、この老人はのちに深く自省することとなったのである。簡略にいえば、活動の目標が複数個あるとき、そのあいだで選択するための規準は、自分ら生者の乏しい経験と知能に拠る前に、死者たちの残しているはずの伝統に求めよ、というところからこの男の保守思想が始まったわけで、それと同時に、ニヒリズムは峻拒さるべきとみなされた。活動的虚無とて生の堕落の防波堤にはなりえないのみならず、基準としての伝統が指し示すのは「葛藤のなかにある諸目標のあいだの平衡」ということなのである。

だが、年老いて、身動きが不自由になり、下手すると身の回りの者たちの介護を受ける破目になるかもしれないと予想され、論述のテーマも出尽くし、さらに論述が空転することが多くなる段階に入ったと自覚されるような生にあっては、活動目標は「いかに死ぬか」の一点に絞られてくる。その方法についても選択肢の幅があることは確かだが、それはもう（価値観とは関係なく）単に技術的な次元にあるだけのことで、最も簡便な死に方つまりシンプル・デス（簡便死）が最善となるに違いないのだ。そしてそこでなら、あの懐かしい活動的虚無が甦る。つまりおのれの活動歴の最後にして唯一の一駒として「死の決行」を生きいきとなせるということになる。

今、自分の人生の過ぎ越し方を概観し終えて、この男、「こういう経緯を辿るのが自分の運命だったのであろう」という以外のことをいえない気分でいる。いろいろなことを思索し思考し様々なことを試験し実践しはしてみたが、総じていえば、「何ということもなかった平凡な人生」だったといったほうがよいのであろう。死活に「近い」局面がいくつかあり、必死に「近い」気持ちでそれらに立ち向かってみはしたものの、そのすべてが「平和と民主」や「進歩とヒューマニズム」の凡庸にして退屈な時代におけるちょっとした逸脱であり、ちっぽけな波紋を自分の周囲にほんの暫し生じさせる類の些事にすぎなかった、と省みるしかない。

ただ、今の世界を見渡し今の日本を見詰め、街を眺め電車に座っていると、何かしら大いなる異変が生じ、人々がおのれらの阿鼻叫喚に戦《おのの》く状況が音もなく近づいている、といった気配を感じる。アメリカが内部崩壊しEUが分裂し、中国の習近平とロシアのプーチンも難局への弥縫策《びほうさく》しか打ち出せず、北朝鮮にも暴発の気配濃厚で、アフリカが到る処で無政府状態を呈し、各国に金融独占の権力が増殖しゆくばかりとなり、「テロルの嵐」がグローバルに広がっているとなれば、いわんや世界の各種選挙戦にみられる類のスラップスティック（どたばた）がこれでもかこれでもかと各国の文化を蚕食してゆくのをみせつけられつづけると、世界のクライシスさらにはカタストロフィを予感するのがむしろ自然な日常感覚といってよいのではないか。実際にそうなったときには自分はもう骨になっているのではあろうが、もし骨にして声を発せられるものなら、この列島人へ向けて「慌てるな、落ち着け、自国の保護に全精力を注げ」といってやりたくなるであろうと彼は思ってしまう。

しかし、「汝みずからを知れ」との格言における「知識」の本質は「信じ難きがゆえに信じ、望み難きがゆえに望み、愛し難きがゆえに愛す」（アウグスティヌス）という矛盾のなかに我が心身を投じ入れながら、恬澹《てんたん》と生きそして死ぬということ以外ではありえない。人間は知性でも徳性でも不完全で、それを完全性に近づけようとしてはみるものの、つまりは完全性の目標が次々と遠のくせいで、不完全性をいささかも免れえないのだ。だから、締めの言葉をいえといわれたら、神経の痛みに逆らってこんなにも書き連ねる所謂《いわれ》は毫もなかったし、そんなものを読んだとて読者の生活に益することは何もなかったに違いない、ということになってしまう。それが読者にたいしてあまりに失礼な言い種だというのなら、人間の精神なるものは、「平凡なことが最も非凡なのだ」、「歴史は、時代にあっても人生にあっても、人々がコモン（普通）に持ち合わせる平凡なセンス（感覚・知覚）にもとづいてこそ、つまりコモンセンス（常識）を貫いてこそ、後生に継承可能の読み物となるという非凡な物語なのだ」という単純な真実を確認するために大騒ぎをいつの世でも演じて止むことのない滑稽《ヒューモラス》な代物であるらしい、と考える一匹のヒューモリスト（人性論者）がここにいたということをこの一連の文章から感じとってもらえれば有り難い、と言い添えてこのエッセイを閉じることにする。

（『ファシスタたらんとした者』「15実存への省察、実践への冒険、近代への懐疑、保守への模索、それらをエッセイ（試論）で束ねるのがファシスモ」より、中央公論新社、二〇一七年）

第二部

「妻の死」について

おわりに／生の誘拐が死を救済する

僕の身体はまだ死病にとりつかれておりませんし、僕の精神が死を賭《と》す冒険に入っているというわけでは、もちろんありません。六十歳から六十三歳にかけて、自分の内臓の諸器官が全面的な崩壊にさしかかったことはあります。しかしそのときは、自分の心身が奥深いところでおのれの生存はまだつづくと予期していたのでしょう、元気溌剌《はつらつ》でした。病状が治まってのち、薬の処方や体調の矯正《きょうせい》をしてくれていたかかりつけの漢方医から、「実は危なかった。死の淵《ふち》まで来ていたんですよ」と言われても、本当と感じられず、「そうでしたか」と他人事のように聞いていたのでした。

身体次元で死と顔つき合わせているのは、本文で縷々《るる》述べたように、僕の連れ合《あ》いです。彼女とは十六歳のときに札幌の高校で知り合い、途中に三年余のブランクはあるものの、二十五歳で結婚してから四十四年という長い期間、一緒に生活してきました。その連れ合いが、今から一年半ほど前に、重症の大腸癌に冒《おか》されていると判明したのです。そのときは「死の危険」を何とか潜《くぐ》り抜けることができました。しかし既患部の周辺に癌が転移して、一年後に、十時間の大手術を受けることとなったのです。担当医から、「その周辺にまた転移ということになったら、癌摘出の手術はもう不可能である」と宣告されてもいます。

今のところ、彼女は食餌《しょくじ》療法と漢方治療で免疫強化に励みつつ、生き長らえる努力をしております。しかし死相が彼女の表情から消え失せることは少ない、という毎日がつづいているのです。それは、引っ込むことがたまにあるとはいえ、とくに彼女の眼光が弱まるといった形で、しつこく立ち現れてきます。そんなふうにすっかり弱々しくなった彼女を少しでも助けるべく、僕は家事や治療に協力してはいます。皿洗いや買物や灸《きゅう》や指圧にも楽しみがなくはないと、毎日、実感してもいるのです。

しかし、彼女の身体の深部を苛《さいな》んでいるに違いない苦痛を緩《やわ》らげてやるには、また彼女の心理の根底に穴を穿《うが》ちはじめていること必定《ひつじょう》の不安を軽くしてやるには、実際どうすればよいのか、途方に暮れることが多いのです。いざというこのときに、かくも無能ならば、僕の思想とやらには一文の値打ちもあるまい、とすら思われてきます。中江藤樹《とうじゅ》(1)は、「学問とは母親の面倒《めんどう》を看《み》ることだ」と言いました。それに小林秀雄(2)が同感の意を示してもいました。そうした知行合一《ちこうごういつ》(3)の視点から見ると、妻の面倒も看られないというのでは、僕の行ってきた言論は無意味もいいところだ、と言わねばなりますまい。危機感を濃《こ》く漂《ただよ》わしているのは、連れ合いの死相ではなく、自分の思想のほうだ、ということなのかもしれないのです。

僕は、公言するのは初めてなのですが、チャールズ・パース(4)の実践主義《プラグマティズム》(5)の徒として言論にたずさわってきました。パースに帰依《きえ》したというようなことではなくて、自分のやり方がパースの線に沿《そ》っていると、いくたびも確認できたということです。彼は、人間の行為《プラグマ》はなべて仮説形成《アブダクション》における記号的仕組《しくみ》に支えられている、と主張しております。まとめて言えば、次のようなことです。あと五、六段落《だんらく》ほど、少々厄介《やっかい》な議論をさせていただきますが、男女関係論にも科学認識論が必要だ、ということに面白味を感じてもらえれば、と期待いたします。

第一に、行為はすべて（彼が主として扱った科学的認識のことも含めて）価値に率いられ、規範に枠《わく》づけられます。第二に、行為を可能にするのが人間の記号化能力であり、その能力の発揮は、言葉という記号にあっては、価値・規範による秩序化がなければ不可能です。第三に、人間の行為とは、記号・言葉の（価値・規範にもとづく）仕組をたえず形成し、そうすることによってみずからの行為を説明し、そしてその説明を解釈していくことにほかなりません。第四に、それにたいして仮説形成とは、人間の、とりわけ自分自身の（行為の連続としての）「生《ライフ》」を直視し、そしてその生の意味をできるだけ一般的、普遍的そして抽象的に考察していきます。第五に、その発見において、自分の意識の枠組《わくぐみ》が、自分を超えた何者かによってあたかも誘拐《アブダクト》されるかのように、（特殊な事例にもこれまで以上に広く適用されうる）一般性へ、（個別の経験にもこれまで以上にうまく対応しうる）普遍性へ、そして（具体的な状況をもこれまで以上に深く貫徹する）抽象性へといわば飛躍していきます。

パースのやったことは、認識の大前提（公理《アキシオム》、公準《ポスチュレート》および基礎的仮定《ベーシック・アサンプション》）を、通常の科学主義《サイエンティズム》の演繹法《ディダクション》のように直観にゆだねるのではなく、既存《きそん》の大前提となっていた古き認識枠組が人間のアクチュアル（現存的）な行為のなかでいかに改変されていくか、それを明らかにすることでした。思えば、ハイポサシス（仮説）とは「基礎的《ハイポ》」な「見方《シーシス》」のことなのですから、認識の大本《おおもと》を問うのでなければ仮説とは言えないのです。言い換えればそれは、（特殊な事例から一般的な命題を導こうとする、首尾《しゅび》一貫《いっかん》しえぬ）通常の帰納法《インダクション》のなかに、いわば「価値記号」の発達論という形での（首尾一貫しうる）演繹《えんえき》を持ち込んだということでしょう。だからこそそれは、演繹法および帰納法と区別されて、形成法《アブダクション》とよばれるのです。重要なのは、仮説形成において「進化」が起こるのは、人間の認識が常に「可謬性《フォリビリティ》」を免《まぬが》れえないからだ、とパースが考えていた点です。ここにおいて、人間の認識能力の「完成可能性《パーフェクティビリティ》」を想定していた啓蒙主義と彼は訣別《けつべつ》したのでした。

パースはそうした自分の（仮説形成論としての）実践（＝行為）主義に、ウィリアム・ジェームズ[6]における（意識の主観的な描写に傾《かたむ》きがちの）心理主義への傾向やジョン・デューイ[7]の（民衆意識の民主主義的な教育に偏《かたよ》りがちの）政治主義への偏向を持ったプラグマティズムと区別するために、プラグマティシズムという名称を与えるに至りました。彼は、自分の認識論が誤解されたままであることへの不満を、「誰にも、〝誘拐《アブダクト》〟される虞《おそ》れのない醜い名前」としてのプラグマティ「シ」ズムで、表そうとしたわけです。

たしかに僕の場合も、不肖《ふしょう》といえども、その書いたり喋《しゃべ》ったりしてきたことは、とことん、価値・規範をめぐる記号・言語の仕組を形成し、修正し、新設する企《くわだ》てなのでした。社会の状況や自分の人生にかんする（ジャーナリズム向けの）雑駁《ざっぱく》な文章や講演にあってすら、それらの下敷《したじ》きとして、（パースのものに似た）僕なりの仮説形成の構《かま》えがあったのです。たとえば、社会論において「大衆批判」を語るときも、政治論にかかわって「保守思想」を書くときも、人生論をめぐって「実存思想」を述べるときも、パース流とよんで差しつかえない「記号・言語学」が僕にはありました。

ほかの言い方をすると、陽明学における知行合一の生き方に認識発達論を持ち込もう、それが僕の生き方だったということです。僕の生きてきたすべての時間は、当たり前のことですが、知識と感情と意思（知情意）によって、色分けされたり混色されたりしておりました。その自分の生の行程は、仮説形成にもとづいて仮説演繹を始め、その演繹によって導かれた命題について仮説検証を行い、そしてその検証において反証が上がるたびに仮説形成にふたたび取り組む、という過程だったのです。「仮説」と言えばいかにも小難《こむずか》しそうですが、日常の会話にしてすらが、解釈してみれば、知情意の全域に及んで、仮説の形成・演繹・検（反）証という論理的過程を（ほとんど無自覚にではありますが）辿《たど》っているのです。そのことは疑いようがありません。

だから、僕の人生は、知情意の論理化を、日常と非日常の両次元にわたる形で、やっていたということにすぎないのです。僕と付き合ってくれた人々は、社交の場で論争が生じて僕が声を荒げる折に、「感情的に怒っているんじゃないのだ。論理的に怒っているのだ」と言っているのをよく聞かされるという破目《はめ》になっていたはずです。それは、相手の（仮説としての）発言が聞くからに謬見《ファラシー》であるのに、なぜその仮説を棄却《ききゃく》しないのか、なぜ新たな仮説を形成しようとしないのか、という抗議だったのです。自分の意識が形成され棄却され再形成されていく、その過程における信念と疑念の循環こそが、そして自分の発言の安住と誘拐のあいだにおける往復こそが、人間の「生きる」姿なのだと僕には思われます。

僕の行為（＝生）にあって、妻における「死への接近」を目《ま》の当たりにするという経験は、僕の意識をどこへ誘拐していくのでしょう。それについて何の見通しもつかないというのなら、僕の思想は、フォリブルな、つまり「間違いを犯しうる」ものだと認めなければなりません。いや、フォリビリティは認識の常であって、だからこそ仮説形成としての行為が果てしなくつづくわけです。しかし、間違いだらけの認識だというのでは、僕の意識は苦痛や不安に苛《さいな》まれます。そうとわかれば、妻における「死の問題」を直視するしかない、また、それを直視している自分を凝視《ぎょうし》するほかあるまい、と心に決めざるをえなかったのです。

　実は、連れ合いなり僕自身なりの死のことは、論じられて当然なのに論じられることのあまりに少ない生の諸課題のうちの、ほんの一例にすぎません。僕のものを含め大方の言論にあって、異性のこと、金銭のこと、名誉心のこと、嫉妬心のこと、社交のこと、義理・人情のこと、信心のこと、怠惰《たいだ》癖《へき》のこと、虚無心のことなどは、さりげなく脇に追いやられてきました。ところが言論の舞台裏では、人々の振る舞いの動機を探ると称して、そうした人間の生の中心部において生起してやむことのない出来事について、ひそやかに噂話《うわさばなし》を交《かわ》しているのです。それが言論の実態ときています。

　むろん、私心を圧《お》し殺して公心を表現するのが言論だ、という建て前があることは認めなければなりますまい。自分の私心を暴露したり他人の私心を探索したりする、というのは愚行であり醜態です。当《あ》て処《ど》なく揺れ動くのが私心というものだからです。あまりに不安定な発言は仮説の名に値《あたい》しないと見るべきでしょう。したがって私心にこだわっていると、言論のインテグリティ（物事を総合的《インテグラル》に一貫《インテグラル》してとらえる態度としての誠実さ《インテグリティ》）が保てなくなります。公心を披瀝《ひれき》するのが言論の本道だと言って差しつかえないでしょう。言葉は、僕の場合、自分の人格を象《かたど》ったり表したりするためのもの、ということ以上でも以下でもないということです。

　しかし、「死の問題」に見本を見るごとく、自分の意識が臨界《クリティカル》の線に達して危機《クライシス》の様相を示しはじめるときがあります。その見本が私心と公心の折り合いがつかなくなる場合です。そんなとき、人間はおのれがそれまで暢気《のんき》に展開してきた公心それ自体を批評《クリティーク》にさらすのやむなきに至ります。そうするのを務《つと》めとしているのが批評家《クリティック》ということでもあるでしょう。したがって「危機としての生」を渡りきるという意味で納得のゆく死に方を選ぼうとするなら、危機とは「公心と私心」の葛藤《かっとう》が極点に近づいていると意識することだ、と見定めておかなければならないのです。私心を描写したり解釈したりすることもまた公心のはたらきなのです。そうなのだとみなし、羞恥心《しゅうち》という人間精神の立派な営みにすら何ほどか自裁《じさい》を強《し》いてみなければならなくなります。

そうしなければ、「危機における綱渡り」の平衡術としての〈伝統のうちに貯えられているはずの〉モーラル〈道徳〉は、〈家族や親戚や友人といった〉集団のモーレイズ〈習俗〉や〈自分自身という〉個人のモラール〈士気〉のことも含めて、保持されえません。それが保持されないのなら、「良く生きる」ことも「良く死ぬ」ことも叶《かな》わぬという深いニヒリズムの沼に、人間の意識は沈んでゆくでしょう。「現代における不気味な訪問者[8]」〈ニーチェ〉たる虚無心に結局のところ道を譲《ゆず》る言論など、閑人《ひまじん》の戯言《たわごと》だったのかと嘲《あざ》けられて当然です。

そんな気分でいるものですから、妻がまだ存命中に、僕が自分ら二人の関係をどう解釈しているか、そしてその解釈を通じて自分らにおける現在の関係意識をどう脱《ぬ》け出し、さらにその上位にあるはずの意識次元にいかほど昇っていけるかについて、僕の見方を彼女に示しておきたいのです。

妻が亡くなってからの「妻恋うるの文」のようなものはいろいろあるようです。しかし、少なくとも僕の場合、そういう種類の話や詩は、僕の自意識のなかに回収されてしまう虞《おそ》れが小さくありません。自己満足のために書かれた思い出の記、そんなものを僕は残したくはないのです。自分らの夫婦関係にかんする文章に自分の連れ合いがどう反応したか、いかに反応すると予想されるか、それをも取り込んだ上での文章のほうを僕は選びます。

というのも、言葉は自分のものではないと考えられるからです。自分なる者は、言葉という歴史的な大河《たいが》で泳いだり、言葉という社会的な広場で遊んだりしている存在にすぎません。せめて連れ合いの反応を取り込むのでなければ、その大河や広場の何たるかが見えてきません。そう考えるのが、ヘルメス（旅の神）におのれを擬《ぎ》そうとするヘルメノイティーク（解釈学）の本道のはずです。

そんな思いもあって、本書では、一人称に「僕」という言葉をつかわせてもらいました。本書の冒頭で、夫婦の「関係」への僕《しもべ》ということを言いましたが、本当は、その関係のさらに上位にある、「何者か」への僕《しもべ》ということだったのです。僕が妻の僕《しもべ》ということではもちろんありません。どだい、「妻」という字の象徴は、「髪を整《ととの》えて跪《ひざまず》いている女」ということですが、M（妻満智子）が僕の前に跪くはずも、僕が相手のそんな振る舞いを受け入れるはずも、ありません。要するに、女も男も、何者かの僕《しもべ》だ、と僕は思います。

その何者かというのは、一体全体、どんな代物《しろもの》なのでしょう。僕は何事にも信心できた体験がないので、その「何者」かについて明言することができません。ひとまず、それに「運命」の名を与えておくのが、僕にできることの精一杯です。その運命からの逃れ難さについて、またその運命をいとおしむことの必然について、「妻と僕」を素材にしつつ、一個のアレゴリー（寓話《ぐうわ》・寓喩《ぐうゆ》）を紡《つむ》いでみたかったのです。というより、そうするのがMへの礼儀であると思われてなりませんでした。寓話《アレゴリー》とは、主として価値・規範にまつわる事柄をめぐって、「抽象的な観念の在《あ》り処《か》を示すために、具体的な事例を、比喩《ひゆ》として用いること」をさします。

本書で述べてみたのは、「死」のことをはじめとする、とくに社会思想の方面で文章を書く人々が通常は触れることの少ない論題についてでありました。それらについての僕の思想を、自分の死にかかわらせて、寓話を語る調子で、書き連ねるという作業に着手してみたのです。そのために、自分らのさして変哲のない生活遍歴を、素材として提供してみたということであります。そして結局、この寓話は「実話としての御伽話《おとぎばなし》」にならざるをえなかったのです。

妻も僕も、自分らの生死がそうした類《たぐい》の御伽話の材料のなかに溶《と》け込むことができれば本望であります。なぜといって、その種の御伽話こそが、自己の死における「死の意識」を人間についての上位の認識へと誘拐《アブダクト》してくれるはずだからです。

……後略……

（1）中江藤樹　一六〇八（慶長十三）〜四八（慶安元）。江戸初期の儒者。わが国の陽明学派の祖。主著『翁《おきな》問答』『鑑草《かがみぐさ》』など。「陽明学」については『妻と僕』第Ⅳ章の注釈5を参照。

（2）小林秀雄　一九〇二（明治三十五）〜八三（昭和五十八）。文芸評論家。近代批評を開拓し、批評を独立した文芸ジャンルとし、後代の文学に大きな影響を与えた。代表作『無常といふ事』『本居宣長』など。中江藤樹は伊予《いよ》の国（現・愛媛県）大洲《おおす》藩の加藤家に仕えていたが、寛永十一（一六三四）年、脱藩して故郷の近江《おうみ》（現・滋賀県）に帰った。小林秀雄はこのことをふまえ、エッセイ「ヒューマニズム」で以下のように述べている。「藤樹の学問は、脱藩者の学問であった。母親を養いたいという願いが容《い》れられず、母親の村に脱走し、近江聖人と言われるようになった。これは、一般に誤解されているように、（略）孝行美談ではない、と思う。言わば学問美談と考えなければ、どうしても解らなくなるものが、其処《そこ》に見える。（略）恐らく、脱藩の真の動機は、伝達不可能という理由で、秘められていたに相違ない。彼は、永年の思索の結果、自分の学問の体系は、「孝」の原理に極まる事を思っていた。脱藩が、その実行による自証であるについては、傍人《ぼうじん》に通じようもないままに、ひそかに期するところがあっただろう」。

（3）知行合一　知識と行動とは一体のもので、どちらが先立つとは言えない、とする王陽明の説。

（4）チャールズ・パース　『妻と僕』第Ⅱ章の注釈9を参照。

（5）プラグマティズム（実践主義）　知識や観念の問題を行動との連関においてとらえ、その有効性を行動の面から規定する哲学的立場で、十九世紀末から主としてアメリカで形成された。パース、ジェームズ、デューイが代表者。「実用主義」ともいう。

（6）ウイリアム・ジェームズ　一八四二〜一九一〇。アメリカの心理学者・哲学者。機能心理学を提唱。

またパースらとプラグマティズムを創始する。主著『宗教的経験の諸相』『プラグマティズム』など。

（7）ジョン・デューイ　一八五九～一九五二。アメリカの哲学者・教育学者。実験主義の立場からプラグマティズムの理論を集大成した。教育学では生産活動を基礎とする労作学校を主張、実施する。主著『民主主義と教育』など。

（8）不気味な訪問者　著者は『虚無の構造』（飛鳥新社／一九九九）のなかで、ニヒリズムについて次のように述べている。「ニヒリズムは単なる訪問者ではなかったのであろう。またそれは、どれか特定の現代、たとえばニーチェが目《ま》の当たりにした前世紀（引用者注・十九世紀）後半の現代にのみ特有のものでもなかった。絶えず延びていく時間の線分の最先端に自分は生きているのだと意識してしまう生き物の生に、つまり人間の生に、強かれ弱かれ取り憑《つ》いて離れない心的現象、それがニヒリズムというものであるにちがいない」。ニーチェについては『妻と僕』第Ⅰ章の注釈5を参照。

（『妻と僕——寓話と化す我らの死』「おわりに／生の誘拐が死を救済する」より、飛鳥新社、二〇〇八年）

「殺して、ころして、コロシテ」

ＢＳのＷＯＷＯＷという映画放送チャンネルで、『愛、アムール』というフランス映画をこの八か月のあいだに三度も観てしまった。ただし、選局リモコンをめったやたらに押していたら、たまたまその映画に当たって、すぐさま釘付けにされたということにすぎない。それのみならず、一回目は終わり三分の一だけを、二回目は後半の二分の一を、そして三度目にやっと全編を観たという成り行きなのであった。その内容を一言でいっておくと、音楽家の老夫婦にあって、妻のほうが手術の失敗に遭って身動きも会話もままならぬという状態になり、それを看病する夫のほうが最後に妻を窒息死させて自分もガス自殺する、というものである。老人たちの奥深い科白や表情が破綻なく簡潔に編成されている上に、それに絡んでくる訪問看護師や一人娘の、老いさらばえて死に逝く者たちの感覚や感情をとらえることのできない、一人合点ぶりの態度もみごとに挿入されている。さすが西欧の映画、アメリカや日本に多い、人間の死の上辺だけをなぞるという意味でチャイルディッシュな代物とは大違いだわい、と感心させられた。

というのは通り一遍の映画評というもので、それを三回も観るについては私なりの個別の事情もあったのである。私の妻が「死に瀕する」段階において、「ペインクリニックを滞りなくやってほしい、余計な延命治療はやらないでもらいたい」というのが担当医にたいする私の唯一の依頼事項であったし、妻の私にたいする唯一の事前の懇願事項もそれであった。そして私は、点滴でかすかに栄養を補給しつつモルヒネで鎮痛を図るという治療過程が「薬剤による緩慢な殺人行為」、つまり放っておけば三か月の余命のあいだの激痛をモルヒネで抑えつつ、命を二か月に短縮するという意味での殺人にほかならぬことをよく承知してもいた。だから、その治療が本格的な調子になったときに妻が次のようにいったのを聞いて、びっくりはしなかったものの、「彼女の判断能力もモルヒネでついに狂いはじめた」との思いを深くせずにはおれなかったのである。

このままいくと大変なことになる、お願いだから殺してほしい、あなたの手で殺して、ころして、コロシテ。

曖昧な文句でやりすごそうとしても嘘の通る相手ではないので、というよりそう構えて妻と付き合ってすでに五十有年であるからには、私は次のように応じる以外になかった。

そんなに頼むんなら殺してやってもいいような気もするけど、しかしなあ、君を殺せば、殺人罪で刑務所というのはよいとしても、七十五になろうとする爺さんの妻殺しはどうも格好が悪すぎる。

妻がなぜ「殺してほしい」と焦るかについては、もちろん、思い当たることがあった。彼女の母親は五十歳代の半ばからリュウマチ患者となり、その病気が深刻となるにつれステロイド治療も重度となりつづけ、本人がついには「こんな体になってもまだ生きているというのはいったいどういうことなんでしょうね」と婿たる私に小声で漏らさざるをえない、というような形で九十一歳まで延命した人である。「このような形で生きるのは嫌だ」というのが私の妻の強迫観念になっている、ということを私は常日頃から知っていた。モルヒネで狂い出している彼女の認知能力ではリュウマチと癌の区別などは消えてしまい、ただ「自分もまた母親と同じく異形の姿で生き長らえるのか」という恐怖が膨らんだのであろう、と私は察した。

そう察しはしたが、彼女の殺してくれとの文字通りに懸命の依頼にどう対処すべきか。「妻殺しの格好悪さ」などは、それで実際には妻の依願が止んだとはいえ、自分の無為の口実になりはしない。で、私は、「末梢神経の失調で両手に力が籠らぬという哀れな体調で、どうすれば妻を殺せるのだろうか」と、ほんの一瞬、思案した。いや、思案する前に、私の視線はベッドの隅におかれていた枕のほうに走っていたのである。その枕はやけに横幅が短く、せいぜいが三十センチといったところであった。そこでの思案とは、「この短い枕では、窒息死に至らせるべく、暴れるに違いない彼女を押さえ込むのは難しかろう」と考えたということである。

その夜、深更に及んで、娘が病室に泊まってくれるというので、私は自宅に帰った。家族が泊まったとて医学上は何の役にも立たないとはわかっていた。しかし、夜中にふと眼を醒まし、たとえほんの一瞬でも、たった一人で死に向かっているのだという孤独の気分に彼女が陥るのを、さらには妻の心理がそうなるかもしれぬと自分が想像するのを、私は恐れた。そんなわけで、おおよそ二か月間、私と娘のどちらかが病室に留まることになった。そうはいっても、粗末な簡易ベッドでは、私のような老人の場合、寝ることはできても眠ることがほとんど叶わず、で、娘の泊まりが多くなったのである。

自宅に戻ったからすぐ眠れるというわけにはいかず、私はベッド脇においてあるテレビの映像を眺めて気分を落ち着かせようとした。そこにやがて出てきたのが、あの『愛、アムール』の終幕近くの場面、つまり「夫が、不意に、妻の顔を枕で押さえ込む」というシーンだったのである。それは、ついさっき、私が病院で「やったらどうなるか」と仮設したことの再現なのであった。それは長く大きい枕で、「こういう枕だったら自分にも使いこなせるかもしれない」と私が考えた、というのは本当のことだ。もちろん、癌病の妻にたいしては（医者との暗黙の了解の下で）「緩慢な殺人」を行うのを妥当と私は考えており、彼女を窒息死に進んで至らせるつもりはみじんもなかった。しかし、妻のたっての依頼にどう応じるかは別の問題で、素直に応じると仮設してみれば、その手段は私においては枕のほかにはありえない、ということになったのだと思われる。それと同時に、自分自身がその映画におけるようにガス自殺するか、それとも刑務所で眠れぬ夜を過ごすべきか、それは自分と娘との関係がどうであるかに依存するのであって、この映画のように前者を選ぶのは、娘にたいして酷なような気がした。いや、そう感じた直後に、刑務所に身を横たえている老いたる父の姿についてあれこれ想像させることのほうが娘にたいして残酷なのかもしれぬ、やはり自分も自殺してしまうべきか、と考え直しもした。

実は、この映画で私がもう一つ感心した点がある。「お母さんをこのままにしておいてよいのか」と忠告じみたことを娘がいいにくる。それにたいして父親が、「朝の五時に起きて」ということに始まって自分がどんな看病をしつづけているかを、病院に戻るのは妻の本意にそぐわぬということも含めて、報告したあと、娘に向かっていう、

お前はそんなに偉いのか。

夫婦の場合、少年期や青年期に始まる長い物語の歴史がある。それをおおよそ共有するのが夫婦の生涯ということで、その生涯の姿と形が、連れ合いの死をどう看取るか、ということにも濃い影を残す。そこに不遠慮に介入してくるのにたいしては、たとえそれが肉親の言動であっても、「お前はそんなに偉いのか」といって拒《しりぞ》けるほかない、少なくともそうなるのが連れ合いの死という事態の本質だ、といってよい。

このようにいうのは夫婦間のアムール（愛）を重んじてのことではない。少なくとも、愛なるも

のをアフェクション（情愛）の一種ととらえるのなら、老夫婦の最期にあって生じる可能性としての殺人の問題はいささか情愛を超えたところにある。連れ合いの物語に（状況の推移をみつめつつ）どうピリオドを打つか、正確にはジ・エンド（終わり）とするかトゥ・ビー・コンティニュウド（続く）とするかという人生物語の構成上の巧拙、という相当の客観に属するのが人生の終末期における妻殺し（もしくは夫殺し）の可能性をめぐる出来事なのだと思われる。

先立った妻満智子のことを「亡き妻」とか「身罷《みまか》った妻」とかいうふうに表わしつづけるのが面倒になった。で、彼女のことをMと記すことにする。Mが、私もそうだが、地名の由来に敏感であったのは、北海道出身のせいかもしれなかった。そこにはアイヌ由来の土地名称がたくさん残っていて、たとえば二人の出身地といってよい札幌は、アイヌ語でサトホロ（乾いた広い土地）ということを意味するのだと、Mも私も子供の頃にすでに知っていたのである。

四十歳から五十五歳まで暮していた東京郊外にある東村山市の「恩多町」についていうと、「恩が多い」などという気障な名称はもちろん戦後につけられたものとすぐわかる。元々は「大岱《おんた》」つまり「大きな岡」めいた高台のことを意味する見慣れない漢字の地名なのであった。Mはそのことを地元の農家出身の奥さんから教えられて、少し得意然としていた。

その近所を流れていた「野火止《のびどめ》用水」や少し離れたところを通っている「鷹の道」の由来にかん

する知識を仕入れてきたのもMのほうであった。智恵伊豆の俗称を持つ松平伊豆守信綱が野火で武蔵野の林が焼かれつづけるのを止めるべく（玉川上水から埼玉県新座までの）長い用水を設置し、またその部下たちが「殿の鷹狩り」を容易にするために道路を造営したのだという。

そのMが、モルヒネで譫妄《せんもう》が酷《ひど》くなった折、病室で付き添っていた娘に「私たちは、今、御猟場にいるんでしょう」と問いかけたという。それを聞いて私は、「殿の御猟場」が譫妄によって「皇室の御猟場」に昇格したのであろうと察した。「皇后がここに泊まっていらっしゃる」などとMが口走るのを聞いて、娘が「お母さんはそんなに天皇が好きなの」と尋ねると、Mいわく、「誰だって天皇が好きにきまっているでしょう」。Mと私が十六歳で知り合ってから五十九年間、その長いあいだ、Mの口から「天皇が好きだ」というような発言を一度も耳にしたことがない。だから、その御猟場発言は次のように解釈する以外にないのである。

ヒントになったのは私の数少ない友人の一人であった唐牛《かろうじ》健太郎の場合である。彼は昭和三十五年あたりに全学連（全日本学生自治会総連合）の委員長をやっていた男であった。その男が若くして腸癌にかかり、それが骨髄から脳に転移するかもしれないと診断された際、頭蓋骨の頂点に穴をうがち、そこから抗癌剤を投与する、という（今にして思えば）野蛮きわまる処置を受け、そしてあっさり四十六歳で逝ってしまった。その唐牛が、それに付き添っていた私の友人によると、譫妄のなかで、「キリスト、釈迦、ムハンマド」エトセトラ、様々な聖人の名を口走ったという。そうと知って私は、「唐牛は、自己を超越した次元から、死に逝く自分を見下ろしているのであろう」と推測した。大雑把きわまる言い方で恐縮だが、その自己超越のための「用語の記憶ボックス」のようなものが脳の言語中枢にあって、そこからイエスや釈迦やムハンマドの名が飛び出てきたのではないか、と私は考えたのである。というのも、彼は、たぶん、私と同様に、「聖人たちの人間の魂にまつわる〝あの世の話〟は、俗衆への話をわかりやすくするための、良くいえば喩え話、悪くいえば詐欺話にすぎない」とみなしてきたのは間違いないと思われたからである。

Mの場合、その自己超越の用語集の先頭に天皇もしくは皇室の名称があったのに違いない。そこから彼女における天皇崇拝の心情などを探し当てるのはあまりに紋切型の推論にすぎない。「日本人一般の心理の抽象的な構造において、聖と俗の領域があって、天皇はその聖俗の境界線上におわします最高位の神主であり、それが神主であって僧侶でも神父でもないのは、この列島の歴史において最も長く安定して存在してきた宗教的制度は神道のものであるからであり、その神主階級の代表者が国家象徴となることによって〝国民の歴史意識の根底には聖なる共通感覚〟が存在する、という可能性を示唆することができる」、それが私の天皇論の骨子であった。その私見にMはずっと同意してきたのである。

モルヒネによって引き起こされる譫妄の「譫」は、まことに「言の〝危〟(崖っ縁に人がうずくまっている状態)」にほかならない、とMの言動から私は曇りなく知らされた。他日、Mはやはり娘に向かって「あの人たちはロシアで私たちはトルコで、だから負けるのよ」といったという。「あの人たち」とは医師や看護婦のことで、「私たち」とは我が家族のことである。たとえば看護婦は、病人の敵として悪さをするわけではまったくないが、それでも、仕事という名目で病人には迷惑な紋切型行為を繰り返すことが多い。一例を示せば、「患者の反応を知るのが仕事の一環」と称して、患者が寝ついたのが二時間前なのか二分前なのかも知らないのに、「Mさん、Mさん」と大声を張り上げて呼びかける。つまり二分前にやっと眠りに入ったMがむりやりに叩き起こされる仕儀となる。

そこで、Mの衰えた言語中枢にあって、「看護婦とくればナイチンゲール、ナイチンゲールが現れたのはクリミアでの露土戦争、私はアジア人だから、そして看護婦はよく私を叩き起こすので、ロシアとトルコの戦いではトルコがわに就く」というふうに語彙選択が流れていったのであろう。そうした言葉の乱れは、やがて、身体をも差配しはじめ、眠っているあいだに身体にとりつけられた医療器具を取り外すといった身動きにつながっていく。それは、少なくともそばで看ている者には、患者の苦しみとみえてならない。

譫妄を抑える薬の投与量を増やせばよいのだが、それは分裂病の抑制にも使う薬で、「命を縮める」という意味で危ない代物である。要するに、ロボトミー（脳の部分切除）をするかわりに脳の前頭葉あたりを徐々にブロークン・ダウンさせるということなのであろう。「苦しみとみえる症状を抑える」ことによって「限られた命をさらに短縮する」という選択をするかどうか、それを決めるのはやはり夫たる私の仕事である。私はもちろんそれを選択した。正確にいうと、職業柄として「命の短縮」に反対する医師をいささか強引に説得しなければならなかったのである。

その薬のせいだと思われるのだが、Mの死に顔は、とくに死後にあって時々刻々と、無残と呼ぶのにふさわしいものに変貌していった。だから、密葬にあって、私は親戚の者たちに「ヴェールを外して死に顔をのぞくということはしないでほしい」と頼まなければならなかった。私自身、その無残を一瞥しただけで、長く凝視すること叶わなかったのである。人にはいろんな死に方があるのであろうが、今や死に方の三割を占めるようになった癌病にあっては、その生の終末においては、「モルヒネ鎮痛剤と分裂病抑止剤」の併用によって人間の心身を（麻痺させるというよりも）緩慢な方法で死に至らせる以外にはないようだ。

家族が患者にたいしてやることができるのは、ただ一つ、「お前が死ぬまでそばについているぞ」と知らせてやることだけである。夫たる者がそこで発することのできる言葉も紋切型を出ること能わず、「お前が好きであった、お前がいてくれて有り難かった、子供たちのことは俺が責任を持つので心配するな、俺もじきに逝くから寂しがるな」という四つの科白に限られることになる。

Mがついに身罷っていく「生の最後の姿」を凝視し、病院の地下にある霊安室で葬儀屋に遺体を渡し、煙草を一服すべく外に出れば一点の雲もなく晴れ上がった早春の青空であった。それをみやりながら私の口から私の最も（戦勝国アメリカへの迎合歌という点で）嫌いな歌が飛び出してきた。「晴れた空、そよぐ風、港出船の銅鑼《どら》の音《ね》愉し、別れテープを笑顔で切れば、望み果てない遥かな潮路、ああ、あこがれのハワイ航路」。煙草のスモークとともに発せられた自分をスモークする（煙に巻く）ための言葉のスモークは、哀しみの底の底では楽しみを求めるという人の心理の紋切型に属するのであろうが、いずれにせよ、そのとき以来、私自身の心身が煙状のものに変化してしまった、少なくとも本人はそう深く感じている、というのは一点の疑いを差し挟む余地なく明らかである。

（『生と死、その非凡なる平凡』より、新潮社、二〇一五年）

「みんな死んでしまった」

Mが「殺して」と私に頼んだ際、それにもう一つの文節が付け加えられていたのを思い出した。「これから私は私ではなくなるんだから」と彼女はいったのである。Mにあってモルヒネによる言葉の譫妄《せんもう》がもう始まっていた。それを自覚して、自分の意識がじきに錯乱もしくは魯鈍に引きずり込まれると察し、「私でない私」などが存在する場はこの世にあってほしくないしあるべきでもないとMは思った、というより直覚したのであろう。そのことに、私は何の違和も覚えない。

というのも、「私」とは「自分という独個のものが在るという意識」のことにほかならず、そしてその自己意識は「考えている自分がいることは疑いえない」という存在論的な心理に裏づけられているに違いないからである。「考える」ことをカルテジアンのように「個人の合理」をつらぬく営みとみなすのは間違いだとしても、つまり合理の前提や枠組に自分個人に属さないものが矛盾や逆説をたっぷりと伴いつつ多々入ってくるのは疑いえないとはいうものの、さらにいえば、より納得的な前提・枠組を探索するハイポサシス－アブダクション（仮説形成）つまり物の見方においてあたかも「誘拐《アブダクション》」されたように気分や見方を変えることが決定的に重要だとはいえ、「考える」行為はやはり自分のものなのである。そしてその行為には、それはほかならぬおのれの振る舞いだと意識されるからには、おのれの視野とそこでのおのれの言説において何ほどかのインテグリティがなければならない。インテグリティとは「総合性と一貫性と誠実性」のことで、それが保たれていなければ自分がバラバラに瓦解する。だから、自分の意識におけるインテグリティが麻薬によって崩落させられるのを自覚するというのはまさしく危機を意識することであり、そうした危機がにわかにはげしく自分を襲うなら、人誰しも「私でなくなる私」の存在などは抹殺してくれと、意識が崩落する寸前に、周囲の者に懇願するのではないか。

あのときMは、「私ではない私」が自分を訪問したことに、ありありと怯えていた。その怯えで彼女の心身が煽られているという様子にすらみえた。そんな彼女にあっては、その見知らぬ訪問者を玄関先で追い返す方法は、あたふたのやり方とはいえ、誰かに自分を殺してもらう以外になかったのである。

死に向かう過程で譫妄が必然的に生じるとはかぎらないのは確かだ。しかし、譫妄をやむなく受け入れる場合、「言葉が危機に瀕する状態としての譫妄」の極致、それは自己意識としての「私の死」だといってさしつかえあるまい。然《しか》り而《しこ》うして、「私の死を拒絶する方途は私の死を選択する以外にはない」という矛盾に人間の意識は逢着する。Mはその道筋に素直に従って自分の譫妄（という死の近似状態）に怯えたのであろう。怯えは行為への決断によってしか払拭できず、それで「殺してもらう」という決断を下したのに違いない。

その懇願に応じないでおいてから二日ばかりのちのことであったろうか、私も娘も疲れに耐えられず、病室での泊り込みをサボる夜が一度だけあった。それまで、またそれからも、泊り込みを欠かさずに続けた理由はたった一つであった。つまり、前にも述べたことだが、もし夜間や明け方にMが目を醒まし、そしてそのときもし彼女の意識に正気が少しでも立ち返ってきたとしたら、彼女の感じる孤独の感覚はいかばかりか、と忖度《そんたく》したからにほかならない。身近の者が近辺にいないまま死に向かって独りでまっすぐに落ちていく自分がいるということ、というより自分は孤独に死にゆく存在以外の何物でもないということ、そのことのみを意識する瞬間が訪れる。そういう状況に彼女が陥ることを、私は嫌ったのである。案の定、その泊りをやらなかった日の午前九時頃、私が病室に入ったら、Mはボオッと私を眺めたきり、瞬き一つしない。「どうしたのか」と私が尋ねたら、彼女がいうに、

みんな死んでしまったのかと思った。

「この世界で自分が独りで死んでいく」という感覚は、なるほど、「死んだ世界に自分独りが生きている」という感覚の逆像ではある。その逆像を描写して、つまり自分が死の世界に入ってしまっ

たことを伝えたくて、「みんな死んでしまった」とMはいったのであろうか。違う、そんな逆像がMの衰えた意識に映じたはずがない。Mのウムヴェルト（環境世界）としての小さな家族はすでにMの意識の内部に入り込んでいる。おまけに、「家族のことを第一義とする」という「第二の自然」に染まってしまっていた彼女において、「家族のみんな」はMその者と分別しがたく融合するに至っていた。で、「自分の死」と「家族みんなの死」との境界線が彼女にはみえなくなり、で、「みんな死んでしまった」といったのではないか。

いいや、そうでないのかもしれない。自分の夫か娘かがベッドのそばにいると思ったのに、人のいる気配がない、とMは感じた。そう感じたとき、「世界は死の静謐《せいひつ》に満ちている」との思いが彼女をとらえたのかもしれない。「自分のことも含めてみんな死んでしまった」、「私の魂とやらがその死の世界を眺めている」と麻薬で衰弱した彼女の精神が考えた、というより感じた可能性が十分にある。

Mが霊魂不滅説を信じていたというのではない。彼女は、女としては珍らしい程度に、霊魂話を嫌っていた。人の実体は死ねばすべて骨と化し、人が死後においても存在するのは、ほかのまだ生ける者の記憶と、それにかんするその人の解釈においてのみである、という私の、オピニオンつまり「根拠の定かならぬ臆説」にすぎないとはいえ、長い人生のなかでセンチメンツつまり「揺るがぬ情操」にまで高まってしまった物の見方にMは同意していた。だから、「自分も家族も死んでしまった」という彼女の観想は、意識が衰滅しゆく寸前での、「暗黒の前に一瞬だけ広がる明澄」といった類の心理だったのではないか。そういえば、「みんな死んでしまったのかと思った」と彼女がいったとき、その表情に苦悶の蔭りは少しもなかった。すべてが無に帰して広漠となった世界、ただし果てしなく澄み切った世界を、自分は何も感じず何も考えずに黙って見遣っている、といった静かな調子で彼女はそういったのである。そしてその日から、彼女は言葉の譫妄のはてに体力を消耗させ切って、ということは「私が私でなくなる」というコースに乗って、死へと墜落していった。

お涙頂戴と聞こえるかもしれないのを承知であえていってみる。私は、今、長年の連れ合いに先立たれて、自分の人生は実質において終わったのだと強く感じているのだ。自分の読者も視聴者も、本気で読んだり観たりしてくれるのは、妻一人くらいかもしれないと勘定し、それで十分だと居直って生きてきた不埒な人間は、そうなってむしろ当然なのである。その当然の心境のなかに「先立たれた者の遣り切れなさ」がありもするのだが、それとて、遣り切れなさに堪える（無駄かもしれない）力がMにおいてよりも私にあってのほうが大きいという事実にもとづく摂理、それが導いた自然な結果、と考えればすむだけのことだ。

いや、死にかんする出来事はそう簡単にすみはしない。私の頸椎が積年にわたる不養生のゆえに大きく歪み、私の血流が随処で滞るとなれば、「遣り切れなさ」が昼夜を問わず私の心中に居座ろうとする。そして「これが不幸の感覚というものか」と得心する。だが、その得心は、「妻が存命してくれていたあいだは、当時は少しも気づかなかったものの、仕合わせであったのかもしれない、そうであったに相違ない」という、英語でいえばmight (or must) have been happyの推量過去完了形の幸福論へと転移していく。それどころか、「仕合わせであったに違いない」という過去にかんする仮説を持ちうるのが現在における幸福の唯一の可能性ということなのかもしれないのだ。人間一般にあって仕合わせとはその程度のものなのではないか。そう見当をつければ現在の苦しみが少しは緩和させられる。「死の不仕合わせあってこその生の仕合わせ」とはかかる推量過去完了形の姿をとってやってくるものであったのか、と私はいささか感じ入っている。

これでMのことを語るのは最後にしなければ、と強く思ってはいるのだ。語りたいことは山ほどありはする。しかし、私情を表に出さずに語るのは、私にはもうできそうにない。私情をあらわにしてどこが悪いという見方があるのかもしれないが、私はそのように語る習慣を持ち合わせていない。いわんや、無残な形の死を強いられる人間がこの地球上に今もたくさんいること、そしてそのことについて(私情によってであれ公情によってであれ)語る習慣や場所をまったく持たぬ人々のほうがはるかに多いことを思えば、自分の連れ合いの死や自分自身の死期については、「不幸の天才」ともいうべきルードヴィッヒ・ヴィトゲンシュタインの真似をして、遣り過ごすのがよいように思う。つまり、彼の臨終の言葉を推量過去完了形のものと解釈しなおして、「(死の不仕合わせに直面して、自分は今、生きていたあいだは）仕合わせであった（に違いないと思っている）と皆様にお伝え願いたい」と締め括るしかないのではないか。

「Mについてはもう書かないでおこう」と算段してから三日しか過ぎていないというのに、オツムと指先を動かしたくなるような、Mの病状をめぐるエピソードが思い出されてしまった。息子が手配しそしてMが残すことになった「テンピュール」社の「振動マッサージ」ベッドで、自分の神経痛を癒すべく寝ころがっていたとき、その振動につられてか、Mの逸話が飛び出してきたのである。

娘が私に報告したことがある、「世界の中心線がみえる。この線のこちらがわにくるとお前は酷い目に遭う」とモルヒネ幻覚のなか必死の面持ちでMが叫んだと。「お母さん、何をいっているの」と娘が病床に近づくと、「ほら、お前に粉がかかってしまった。すぐ上衣を脱いで粉を払いなさい」といわれ、実際に娘が服を脱いでみせなければ、その場の収りがつかなかったともいう。それくらい、「世界の中心線」はMにとって重要な境界線で、それによって魔界と俗界とが隔てられていたもののようだ。

「世界の中心線」という言葉は、私の書棚にあったある思想家（と自称し他称されてきた人物）の本の背の一部に刻されていた文字である。その本のおかれていた位置はMの自宅ベッドの頭部のすぐ上であった。で、「世界の中心線」という仰々しい言葉を彼女が記憶する始末となったに違いない。

病院におけるMのベッドの真上の天井に、溶液医薬品のボトルをぶら下げるためのレールが、トラック競技場のコースのと同形で、つまり二個の直線部分がそれぞれ二メートル、そして二個の湾曲部分がそれぞれ一メートルの割合の長円形で、敷かれていた。そしてその中心部の天井に（木板の張り合わせの都合で）一本の線が刻まれており、それをさしてMは「世界の中心線」と呼んだのだと私には察しられた。その中心線からみて彼女の頭部のあるほうの領域が、どうやら「死の粉」の降る危ない地帯で、足部のほうの領域に留まるかぎり死に誘われることはない、とMの（麻薬で麻痺させられて）狂った理性が判断したようなのである。生と死に自分のかかわる世界を二分するのが彼女の理性に残された最後の能力になってしまったわけだ。

いうまでもなく、Mが「世界の中心線」をみたのは、その意識が自己の死に偏執していたことの結果である。一般に、世界の中心をみたと叫び立てるような思想は、「自己意識への偏執」がもたらしたものにすぎないであろう。おのれの手前勝手な思い込みにすぎない中心の点なり線なりをみずからのウムヴェルト（環境世界）に投影する、といったようなたわいのない思考、その産物を仰々しく取り沙汰すればこそ有名知識人になりえたということかと思われる。そのように考えてきた私にとっては、Mがモルヒネによる幻覚のなかで、自己への求心的な関心だけを強め、自分の属する領域に死の灰が降り積もっていると感じたとて、少しも驚くには当たらなかった。

私にとって驚くに値したのは、その数日間におけるMの形相やそこから吐かれる片言隻語が、生と死さらには善と悪との最終決戦としてのハルマゲドンに今まさに彼女が際会しているに違いないと思わせるほどに、切迫味が籠もっていたことである。それは「ヨハネ黙示録」のように多弁ではなかった。しかし、それでも、ハルマゲドンに臨もうとする者の気迫に十分に満ちていたのである。自分は（死という名の）悪の虜囚となってしまったが、自分の家族をその悪の領土に近づかせないためならば、身を縛るあれこれの医療器具を一気に取り払ってでも、それどころかたとえゾンビに姿を変えてでも（家族の生という名の）善を守るための軍隊に加わりたい、とMは欲している。そういう勢いが彼女の振る舞いにはあった。しきりに身を起こそうとあがいていたのもそのためであろう。

D・H・ローレンスはヨハネ黙示録を「生への憎悪」というふうに読んだ。しかしMの表した黙示はそれとは逆で、「死に逝く者がおのれの負う死の重みにたいして抱く憎しみ」といった類のものであり、それは、ほとんど死んでしまっているおのれに生者たちが接触してくるのを峻拒する、という一点でのみ生者との戦いに転化するのであった。実際、娘が上衣を脱いでみせたあとでも、手許にあった（背を掻くための）「孫の手」を振って、「この世界の中心線から離れよ」と娘に命じていたとのことである。

私はモルヒネの投与を受けたことは一度もない。ただ、ずいぶんと昔のことだが、いくつかの麻薬を実験的に我が身に入れてみたことがあって、その結論は、「麻薬による幻覚は正気の感覚の拡大や延長であったり健常な意識の変型や逆転であったりするにすぎず、人間を人間たらしめている言語活動にかかわる感覚や知覚が成熟するのにはあまり寄与しない」というものであった。正確にいうと、アルコールとニコチンだけは、さすが習慣病の元凶と「健康偏執病」に罹った現代社会から指弾されている代物だけに、習慣の体系（つまり文化）の土壌なしには成育するはずもない言語という精神の生長物にとって、必須とまではいわぬが、有益であることが多いとの結論も得た。

アルコールもニコチンもほとんどまったく嗜むことのなかったMは、モルヒネを心身の全域に浸透させられ、で、ついに、「世界の中心線を国境とする善と悪とのハルマゲドン」への忠実な戦士となったのであろう。そういえば彼女は、私と同盟を組みつつ、神風特攻隊の公然たる支援者であり、アルカイーダの半公然の擁護者であり、さらにはパレスチナ・ハマス団などのやるジハード（聖戦）への隠れた応援者であった。世界の出来事に積極的な関心がないにもかかわらず、彼女は「どんな世界に自分はいるのか」ということを知りたがり、折に触れ、世界をどう解釈すべきか、私に尋ねていたものである。そして彼女は、おおよそつねに、世界秩序の形成に当たって専横をふるおうとしているアメリカおよび「アメリカ的なるもの」つまり「ウルトラモダニズムに淫したもの」に嫌悪を隠さなかった。

したがって、私におけるMの像には、その決意をなす際のまことに決然たる調子とその行動を実践するに当たっての実に簡潔な素振りにのみ着目して付けたものにすぎないが、テロリストつまり

「恐怖《テロル》に戦《おのの》きやすいがゆえにテロルを創造するのが好きな人間」との命名がひそかにほどこされている。裁判を三つ抱えて一人でひとまず生きようとしていただけの（私ごとき）当て処のない者を連れ合いに選ぶことによって私に恐怖を与えたのは、ましてや後年になってから「私の亭主がこの東大辞職のチャンスを絶対に手放すはずがない」と公言したり、我が家がある政治党派によって焼かれようとしたときには「散弾銃を入手するにはどうすればよいか」と最寄りの警察署に問い合わせたりしたというのは、彼女が、終始一貫、テロリストであったことの歴然たる証拠のようにみえる。どちらかといえば人嫌いの性癖を持っていた女だけに、そうした断言・断行がことのほか目立った。だからMにテロリストの呼称を与えてもさしつかえあるまいと思う。

世界の中心線なるものを私とて探し求めてきた。そしてその探し方はといえば、神学をはじめとする思弁哲学にみられるような形而上学は排して、形而下の日常的な経験のなかにそれを求める、というやり方であった。したがって世界の中心線は、換言すると物事の当否を判断するための究極の基準は、抽象的にはともかくとして具体的には、そう簡単に明言できない種類のものになる。なぜといって、おのれの経験世界の現状は、是非もなく、多くの人間たちの「中心線なんかありはしないし探したくもないのさ」とみる虚無心によって、たっぷりと汚されているからである。

その中心線は、経験世界が無と帰す一瞬において、ということは死の間際で自分の経験のすべてが浄化されるときにはじめて、垣間見することのできるものなのではないか。そのように仮説してみることだけが形而下に留まろうとする者の最後の拠り所となる。Mには病院の天井に引かれていた一本の線が世界の中心線とみえた。私においてもいずれ似たようなことが起こって、たとえば自分の眼球に走る一本の傷跡が世界の中心線となるのかもしれない。

そんな近未来しか待っていないことに自嘲をあびせているのではまったくない。そんな幻覚に身をゆだねつつ死んでいくのも容易な作業ではないのであって、実は、普通日用の生活において、「誰がどういおうと、自分はこれは選ぶがあれは選ばない」というふうに、世界の中心線へ向けての試行錯誤の準備運動を不断に積み重ねておかなければならないのである。私にまだわかっていないのは、その価値をめぐる日常の瑣末な戦いが、いつどのようにして、ハルマゲドンという大いなる善悪の戦いへと突入するのかということのみである。

視線を我が身から逸らして文字通りの世界へと移してみると、東ウクライナにおいてであれパレスチナ・ガザ地区においてであれ、東シナ海や南シナ海であれ中国ウイグル地区であれ、アラビア半島西南端のイェーメンであれアフリカ西部のマリであれ、はたまたワシントンD・Cであれ北京であれ、価値論において虚無の瀬戸際まで連れてこられた者たちが、物理的にも「決死」の覚悟でハルマゲドンに起ち上がろうとしている。金銭と（技術的）情報とで息の根を止められかかった地球という虚無的な精神の砂漠でハルマゲドンという途轍もない戦いの幕が切って落とされようとしている。それが、モルヒネによる幻覚を俟《ま》たずとも、普通日用の想像力をもってすればすぐみえてくる地球の風景である。しかも、今起ころうとしているハルマゲドンには、アメリカの数々の侵略行為が典型であるように、善であれ悪であれ、掲げるべき価値の旗幟《きし》がないときている。カネなんかは懐中に、そして情報なども脳端にあるべきものであって、頭上に翻《ひるが》えさせてはならない代物にすぎないからである。

Mは、私の妻という位置にあったせいもあって、資本主義が砂漠に咲く毒花であり、民主主義が砂漠に吹く砂嵐であることを昔からよく承知していた。あまりにも大きく広がりあまりにも長く続くに違いない荒れ果てたこの風景のなかで生きそして死なねばならなかったMの生涯のことを思うと、私は素直に可哀相にと思う。だが、砂漠の毒粉と砂塵にまみれたままで死んでいくのは、Mにかぎられない。それは現代に生きる者たちに等し並みに訪れる不可避の事態なのだ。そのことを考えると、娘を守るべく幻想のハルマゲドンを病床でやっていたMのほうが、地球の全体における虚無のハルマゲドンに呑み込まれていく私などよりもずっと仕合わせであったのだ、と思われてならない。

見ひらかれた眼、語りかける口

死へ向かって徐々に進んでいくMの八年間の歩行が疾走へと変わった切っ掛け、それは左大腿骨最上部の骨折であった。骨折で入院し、そして肺炎を起こし、さらに点滴による栄養補給の結末として体力を低下させていくというのが、とくに癌病によって腸閉塞が起こりがちの場合、死への転落の標準的なコースのようである。Mは、なぜ、骨折の憂き目に遭ったのであるか。それは少々意外なことに眼病のせいであった。Mの左眼が緑内障に冒され、その病状が次第に悪化していたことはわかっていた。だが、その手術を拙速に行なってしまうと、抗生物質などの影響で免疫力が弱くなり、それはすでに腸から肺へと転移している彼女の癌病をさらに悪化させるにきまっている。そう夫婦で考えて眼の手術を遅らせているうち、ベッドに腰を下ろそうとして目算を誤まり、床に尻から落ちて骨折と相成った次第である。

階下で原稿を書いていた私は、そのドスンを何か荷物の落ちた音であろうと思った。だが、二階にいるMがそれを片づける気配が少しも聞こえてこない。あわてて階段を登っていくと、Mが仰向けに天井をみていた。そしていった。

脚が動かないの。起き上がれないの。

その黙って上を見遣っている眼付きには、自分の身動きのできぬ哀れな状態に啞然としている様子と、ついにくるべきものがきたという諦めの調子とが入り混じっているようにみえた。それは、今にして思うと、おのれに死が接近するのを他人事のようにみつめている者の姿であった。

入院してから諸々の医科のあいだに意見の食い違いがあったようだが、それは私の関与できるところではない。結局、骨折にかんしては整形外科、緑内障については眼科、腸肺の癌病については内臓外科、腎臓の癌をめぐっては泌尿器科、それぞれのあいだの手術の優先順位をどうすべきかの病院がわの議論は、内臓外科が「中心」に立つということで決着した。ということは、「周縁」の諸科が治療においていささかならず杜撰に流れるということで、たとえば泌尿器科にあっては、人工尿管のズレで排尿が二日も止まっていたのに、我が娘の激しい抗議を受けるまでは、看護師も医者もその事実に気づきすらしないといった有り様であった。それどころか、娘のいうに、抗議を兼ねて母に灸を施すと申し出るや、医者は「病院では火は禁止」と居丈高に主張するためにのみやっと顔を出した。そういう専門人という名の（ならず者とはいわないが）不埒な輩が少なからずいるのが現代の病院というものなのである。

眼科においても似たようなことが起こった。その場にも私は居合わせなかったので、娘と（息子の）嫁との証言なのだが、手術の予約をなかなか実行せず、目薬だけですますという態度を続け、それが末期癌患者のたっての要望だとわかってくれたのは、モルヒネ治療がずいぶんと進行してしまった段階においてであった。そういった類のホスピタリティに欠けた態度の、たかだかドクターという特別の地位を得たくらいで、また数人の女性の部下を従えただけで、患者の身になってみるということをしない心得の足りない者がホスピタルには何人かいるもののようだ。

夫たる私は、こうした出来事の報告を受けても、少々のことは主治医たる内臓外科医に報告したものの、おおよそ我慢することにしていた。「病院とは、大概、そんなもんだ」と思っていたばかりか、「この世の制度は、学校であれ企業であれ家庭であれ政府であれ、マシン・メカニズムも同然のシステムであることが多く、そうしたシステミズムに染まったサイボーグつまり情報制御人間たちに、自然の人間のがわから文句をつけても詮無い話だ」と考えて私はこれまで生きてきたのである。

だがMは私にはっきりといった、

回りのものをよくみていたいの。

この妻の気持ちは大事にしたかった。じきに死ぬとわかっていながら、眼だけはみえるようにしておきたいと考えたMの気持ちが私にはわかる。メルロー=ポンティに『眼と精神』という評論集があった。その内容はすっかり忘れてしまったが、その題名だけはずっと覚えていて、そのせいか、私は「眼は精神の触手である」とみなしつづけてきた。で、「自分の精神に関心を持つ精神」つまり自己意識の強い者は「眼をつねに見開こうと努めている」と考えてきた。

瞑想つまり「眼をつむって想う」ような自己意識はえてして自閉症の気味を帯びたエゴイズムに堕ちる。ワールド（世界）もウムヴェルト（環境世界）も、自分のコムプリヘンション（総合的把握としての理解）を超えた状況が次々と生起するという意味で、大小を問わず驚きを自分に与えずにはいない。さすれば、その驚きを見詰めるには、つねに刮目していなければならない。しかし、いくら瞠目してみても緑内障で物事が定かには見えず、というのではどう為様もないのだ。

Mは、死ぬまで自分のウムヴェルトを正確にみていたい、だから死期を早めてでも緑内障を治したい、と考えたのである。男と女のあいだには自己意識の種類や程度において差があるのではあろう。しかし、ともかく、自己意識はあらゆる人間の精神に、幸か不幸かは知らねども、つきものである。その自己意識を彼女は失いたくないと念じ、それゆえ眼を見開いて自分と自分の周囲とを凝視しつづけたいと願った。瞑目するのを死の瞬間まで延期させようと努めたのである。

ところが、彼女が本当にみてみたかったのは現在の周りの出来事ではなく過去と未来というみることのできぬものであったと判明する。つまり「札幌の紅葉に包まれた藻岩山の風景という過去の記憶」と「娘が移転するはずの広くて便利なマンションという未来の棲み処」がみたいものなのであったのだ。見れぬものを見たくて危険な眼の手術をやるというのだから、人間の生はどこまでいってもパラドックスから逃れられないということなのであろう。

だが、生ける精神のパラドックスなんかは何のその、生ける肉体の痛みという厳然たる重みを持ったリアリティが病人の心身に襲来する。少年の頃、私は右踝《くるぶし》の手術で、三か月のあいだ、膿《うみ》で汚れ神経組織に張り付いた包帯を変えるたび、激痛で呻いていたことがある。敗戦から三年半、我が国の医療はそんな水準にあったのだ。また、青年の頃、留置場や拘置所の独居房にいて、刑事や検事の調べに完全黙否を通しはしたものの、それでも、「もし生爪を次々と剝がされるようなことになったら、自分は何枚目かでゲロって、仲間を売る破目に陥るのではないか」と想像し、その想像上の不安からついに自由にはなれなかった。そんな体験が少しは関係しているのか、私は、Mが堪え切れぬ痛みに苦しむ姿をみるのに、耐え切れそうになかった。というより、「何がなんでもMを肉体的な痛みという生体における地獄の沙汰から救い出す」と当初から心に決めていたのである。

自己意識を保持したいと願っているMの気持ちに添いつつ、自己意識を破壊すること必定のモルヒネ鎮痛剤を投与し、それによって生じる意識の譫妄《せんもう》には（前頭葉のはたらきを破壊するのが目的の）統合失調制圧剤とでも呼ぶべきものを注入する、というのはあきらかに矛盾である。それは、肉体の緑内障から脱出したMをいわば精神の黒内症に落とし込むといった類の作業にほかならない。

その種の「できるだけ苦しみを少なくして死なせる」やり方を世間では安楽死と呼んでいるが、自己意識のがわからみれば、それは、その人の意識を扼殺する所業であるからには、苦痛死以外の何ものでもない。延命装置を外し縮命処置を受けることによって肉体の苦しみに悶えずに死んでいける様子を尊厳死と名づける向きもあるが、精神のがわからみれば、尊厳の根城たる自己意識を断たれるのは、むしろ屈辱死に当たる。つまるところ、「屈辱を味わう苦痛」にすすんで身をさらす「深い覚悟」、それが人間の死における「自己の尊厳を知る安楽」だ、とみなすしかないのではないか。

ずっとそのように考えてきた私は、Mの了解を以前からさりげなくとりつけつつ、主治医には「延命のためだけの苦痛をMに与えることはやめてほしい、縮命となろうとも鎮痛を強め譫妄を押さえてもらいたい」と強く依願したのであった。

ただ、Mの自己意識が瓦解させられたと思われる段階でも、看護師のいうには、「話したほうがよいですよ、声は病人の耳に届いているといわれています」とのことであった。聴覚は、視覚と比べて、発生学からみておそらく原始的な次元にあってより強靭なのであろう。「言葉の音響は聞こえるが言葉の意味をとらえることができない」という状態が、正確な証拠は挙がっていないものの、想定されるのである。Mの場合、最後の一日か二日、そういう状態にあったのではないか。したがって流れ出る涙を拭わぬままに繰り返した私の「有り難う、ありがとう、アリガトウ」という言葉も、Mには単にア・リ・ガ・ト・ウという音のつながりとして鼓膜に聞こえていて、その意味はとらえられていなかったのであろう。

言葉の意味の死はただちに人間の精神の死である。言葉は相手に何ほどか理解されるのでなければ単なる音韻であり、無意味な記号のシステムなのである。「人を褒めるなら、その人が生きているあいだに褒めるべきだ」という見解がある。その通りだと思うし、私も、大概、そのようにしてきた。つまり死者に言葉の意味が通じるはずがないのである。意味ある言葉は、相手が生きているうちに発せよ、と言い換えてもよい。

「あの人は良い人だった」とか「あの人の存在は有り難かった」などとその人の死後に宣《のたま》うのは、

いわんや死んだ妻に涙ながらに訴えかける式の「妻恋うるの記」なんかは、エゴイストの所業に当たる。その人から「良い影響」をテークしたのなら、それと等価の、「良い評価」を示す言葉を相手にギヴする、というのでなければ人間のあいだの意思疎通が歪んでしまう。

そして「等価交換の基準」はどこからくるのか、という大問題が生じる。それは各人各様の判断でよいのだからギヴするものがたとえ零であってどこが悪い、と居直るのはポストモダニズムの軽率といわざるをえない。なぜそれが軽率かというと、誰かのプラス贈与にたいする自分のゼロ返礼がその同じ贈与にたいするほかの人物のプラス返礼より勝っていると決め込むのは単なる自己中心あるいは他者軽視のエゴイズムにすぎないからだ。自他のあいだで（交換基準の判定にかんする）優劣の比較をしようとすれば、またしても比較の基準は何かという問題に当面せざるべからずなのである。

言葉はかならず過去からやってくるのである以上、「贈与と返礼」のあいだの適正な交換比率もまた、過去から運ばれ来たれしカスタム（慣習）の賜物として現在の社会に与えられる。経済学を例にとれば、アダム・スミスの自然価格やアルフレッド・マーシャルの長期正常価格がそれに当たる。もちろん、慣習の具体的な表現は、過去でも未来でもないまさしく現在の、「状況」に依存して様々ではある。その一例が「価格は需給差によって変動する」という市場の状況ということになる。だから、慣習の示す常識的な基準から逸脱することは、大杉栄をはじめとするアナーキスト連が「美は乱調にあり」といったのを端的な例として、大いにありうべしなのだ。しかし、その場合でも、逸脱のことが本人において何ほどか意識されていなければならず、それすなわち常識によって与えられる基準のことを意識するということにほかならない。

かつて福田《ふくだ》恆存《つねあり》が夫婦間の愛情なるものはいったい何なのかと簡略に論じて、「日々の気遣い」のことだといっていたのを思い出した。そうした気遣いの中心に夫婦間の言葉遣いがあり、それにも守るべき基準があるはずなのだ。Mと私がどんな言葉遣いで交話していたか、それについてこまごまと報告するのは私の羞恥心が許さない。ただ、そうした交話の積み重ねがあってはじめて、その経験の夫婦間共有が連れ合いの死によって断たれたとき、その喪失を「いと、惜しい」と思うのである。正確には、そのように予測・予想・想像するという意味で、相手のことを「愛《いとお》しい」と感じるのであろう。私たちは長年月のうちに次第にそう考えるようになっていたのである。

一例として、自宅介護の場で、病人が排泄行為において失敗した場合を取り上げてみよう。その始末を誰にやってほしいと病人は願うであろうか。私の見聞するかぎり、それは、訪問介護士でも自分の娘でもなく、むろん息子なんかではありえず、連れ合いである。そういうことが圧倒的に多いのだ。病人は、「何という哀れな有り様に自分は堕ちてしまったのかと驚愕し狼狽しつつ、この（生活上の）異常事態を処置してくれるはずの者は連れ合いであってほしい」と願う。「男女で連れ合う」ことのうちには、この「相手の身体上の危機を統治するのに何がしかの責任を持つ」という仕事が含まれているのではないか。

思うに、男女の連れ合い関係にあっては、世間にたいして「秘すべき私《ひそ》か事」がたくさんある。そして、「隠すほどに顕れる」のが人の世の常であるので、その隠し方には工夫を凝らさなければならず、委曲を尽くした隠し方は夫婦間の「日々の気遣い」によって、とりわけ「言葉遣い」によってもたらされるということなのであろう。誇張を恐れずにいうと、「秘事が秘蹟を産む」のを助ける産婆役、それが夫婦間の交話の堆積から発酵してくる相互の心遣いであり、その成果をさして人は夫婦愛と呼んでいるのだと思われる。

クリスチャンでもないのになぜサクラメント（秘蹟）などと大仰に表現するのか。理由は簡単で、子供を産むとか年収の十倍もする不動産を購入するというような冒険をやるのも秘蹟めいた出来事ではあるが、何といっても秘蹟としかいいようがないのは、一人の男と一人の女が、偶然に出会ったにすぎないにもかかわらず、婚姻という（暗黙の）長期契約を結び、長年にわたって生活を共にするという異常としかいいようのない出来事それ自体である。

カソリックに味方して、離婚してはならぬ、などと主張しているのではない。離婚するにはまず結婚していなければならず、そして結婚には、たとえ予定通りにはいかないとしても、「偕老同穴の契り」が前提されているのである。そうでないと、男女関係は「性愛サーヴィス市場」での交換行為にすぎぬものとなる。リスク（危険）を超えたものとしてのクライシス（危機）が長期の未来には待ち構えているのに、その危機へ向けての長期契約を婚姻という形で結ぶというのはもはや交換行為には属さないのである。そんな長期の契りを交すことそれ自体が、「合理的個人の合理的選択」といったような経済学の吹けば飛ぶようなシャラクサイ理屈から遠く離れてしまっているという意味で、秘蹟を起こさんとするいわば決死の儀式なのだ。

ここで「決死」といったのは、婚姻生活にあっては、夫も妻も、多くの可能な選択肢を切り捨てることを覚悟してかかるからである。この相互制限の長い過程で、夫も妻も互いに相手の影響を受けてそれぞれの人格すらが変質していくことをも覚悟するのほかはない。絵を描くにはまずもって額縁の大きさを制限しなければならぬという意味合で、チェスタトンは「絵の本質は額縁にあり」と喝破した。その伝をもってすれば、「夫婦関係の本質は欲望の制限にあり」といえる。その制限のおかげで、一つに、互いの人格が生活のなかで変容させられ、二つに、許容される欲望の内容がかえって自由に選択できるものとなるのである。

Mと私は、おおよそこのように構えて、何とまあ、半世紀間に及んで、「欲望の制限と解放」という両面作戦としての「生活」なるものを共にしてきた。その共同生活が途絶え、今、私はダイニング・テーブルに座って、武蔵野の西の外れの窓外に広がる夏の終わりの風景を、終日、見遣っている。鬱蒼と茂る雑木林のなか、明かるいうちは蜩《ひぐらし》の声ばかり、暗くなると鈴虫の声ばかりである。

しかし、独身でいる娘の都合でじきに都内に越すので、亡妻が（狸や梟がいるとの理由で）大好きであったこの武蔵野台地にある多摩湖湖畔の生活とはもうすぐオサラバとなる。そうすることによってＭにかんする思い出が、というよりＭとの日常生活を包んでいた雰囲気の記憶が、次々と私の脳裏で死に絶えるのであろう。そうなるのは、私が生きているかぎり、致し方のないことだ。

私の身体は、齢相応の症状でいささかも歎くに値しないことだが、頸椎が曲がってしまった上に、いわゆる汚血が血管の隅々に溜まってしまい、そのせいで、全身が神経の痛みに襲われている。その痛みがＭの死とともに私の生に終わりが近づいていることを報らせる「時の鐘」であるとは承知しているものの、その喧《やか》ましさったらありはしない。「あ〜あ〜」と溜息を吐くのではあまりに情け無いので、「あ〜アッ」と語尾を少し上げてみるというケッタイな所作で、その神経の喧騒をなんとか遣り過している。

ウムヴェルトから眼を逸らしてワールドを眺めようとしても、この半年、新聞もＴＶもまったく眼にしていないので、大したものはみえてこない。それでも、ウクライナにおけるＣＩＡの策謀やパレスチナ・ガザにおけるハマスの（せっかくひそかに掘りつづけたトンネルがイスラエルによって一つずつ潰されるという）悲劇などの情報が知人や友人から入ってくる。世界は私の環境世界のことなどどこ吹く風とばかり巨大な死へ向かって突進している。つまり、主としてアメリカニズムという名のウルトラモダニズムがモデリズム（模型主義）とモーディズム（流行主義）の両脚で疾走するせいで、ナショナルなものを吹き飛ばして止むことのないレフティズム（左翼主義）つまり「イノヴェーションがかならずや文明に進歩をもたらすと唱えるドグマ」の暴風が、ドグマとは「良いことのように勝手に思われる」という語源上の意味合からして「独断」のことにすぎないというのに、止むことなく吹き荒れ、その結果、地球全体が死臭に覆われはじめている。それにつれて「大戦の足音」すらが次第に高くなっている。

私の内部も外部も今や死で充満しつつある気配なのだ。そうした闇の近づく気配に包まれつつ、私は、十六歳の幼さにあったMのちょっとした仕種を、たとえば（教室のHR司会者に選ばれた際に、いったんは壇上に上がってから）「こんなことは絶対にやりたくありません」といって壇から決然と下りていった様子のことを不意に思い出したりしている。その姿の一点だけに明かりが射しているというのではまったくなく、彼女の「ノン」の叫びが世界の暗闇から聞こえてくるといった調子なのである。

Mはワールドリー（世俗）のワールドにノンをつきつけて私を避難所にし、そこで暮らしつづけたのだと思う。シェルターの外部つまり世俗社会がどうなっているかについて観察し、その解釈を自分に報告する、それは夫の仕事である、と彼女は勝手に決めたものらしい。そんな流れにあって私は、世俗世界からノンと宣告されて、高度経済成長のさなかに行路病死の寸前にあった二十五歳のとき、彼女が札幌からやってきて以来、世俗世界にむりやりにでも入っていかなければならなくなった。そして、多勢に無勢の勝ち目のない争い事を続けるのほかなくなったのである。男は女のシェルターであり、その避難所を守るミリタントである、そう努めるのが真人間の生き方だと私は考えてきた。そんな私にとって、そのシェルターのなかにあるのは女の遺骸だけとなったという今の事態はあきらかに「危」である、つまり「崖っ縁に蹲《うずくま》る人の姿」である。

私にこれから可能なのは、蹲るのを恥とみなして、直立してみせることだけのようだ。直立したとて歩行が不能かつ不要であるかもしれないのにひとまず起ち上がってみる、私における現在の生はそのこと以上ではありえない。ただ佇立《ちょりつ》しているしかないのが現在の私なのだから、M話もこれをもって本当に御仕舞にしなければならない成り行きではある。だが、あ～アッの「アッ」が呼び水となってMの思い出がまたぞろ飛び出してきたら私はどうするのか。「遺骸」に「思い出」という息吹きを注入する儀式も当方が生きているかぎり必要な精神への手当てだとみなして、Mのことを感じるなり考えるなり書くなりするしかないのであろうか。

「あの女どもをどうにかして」

Mの吐いた（当然とも異常とも両方に解釈できる）一つの妙な科白が私の脳裏から浮上してきた。

あの女どもをどうにかして。

「女ども」とは実は私たち夫婦の娘と嫁の二人のことである。それに「あの」という連体詞が付けられたのは、そのとき、二人ともまだMのベッドの後《シリ》のほうに並んで立っていたからである。乱暴な言葉遣いはMの不得手とするところであった。だから、「あの女ども」などという下品な表現が選ばれてしまったのは、モルヒネで狂いはじめていた彼女の言語中枢において、彼女の夫つまり私めのおおむね乱暴な日常語への模擬が行われたということなのであろう。ともかく、その「どうにかしてほしい」ということの意味が私にはすぐわかった。娘と嫁とが立て続いて、異口同音に、「お母さん、頑張りましょう。私、鍼と灸にもっともっと精出しますから」といったのである。それにたいしてMは、半ば狂いつつも、「私には自分の死がすぐそこにみえている。それを見詰めるのに精一杯な私に、一体何のいわれあって、もっと頑張れというのか。そんな虚しい励ましの言葉を繰り出す暇があったら、死を覚悟し切った私の気持ちを察して、できるならその気持ちをプラスに評価して、黙っていてほしい」と思ったのに違いない。

もちろん、誰においてであれ、「死の覚悟」の深さについては確《しか》と断定できないものが残る。というのも、その直前であったか直後であったか、Mは自分の娘に「水を飲まして。干涸びてしまう」と頼んでいたからである。それは生き延びようとする者の科白だとしか考えられない。一般的にいうと、「死なねばならぬが死にたくはない、あるいは死にたくないが死なねばならぬ」という矛盾の心理から、意識があるかぎり、人は逃れられないものなのであろう。死にゆく者にたいしその連れ合いができるのは、その矛盾に連れ添ってやるべく、「お前のいいたいことはよくわかる」と（口に出さないまでも）察した素振りをしてやることだけなのである。

　そのとき、私は身を曲げて、ベッドに横たわるMを抱擁してやりもした。それまでの八年の看病の過程で、私は「抱擁」という身体言語の大切さを徐々に理解できるようになっていた。連れ合いの孤独感や寂寥感がどんな話し言葉によっても癒されないほどに深まってしまったら、あとはボディランゲジたる抱擁によって、その深い闇を覆ってやる以外にないのである。

　以前にどこかで書いてしまったことだが、私の父は七十二歳で死ぬ一・五日前に、自分の妻に「俺の体を抱いてくれ」といった。そして私の母は自分の息子である私に「お父さんはあと一両日中に亡くなるよ。昔から、連れ合いがそういったらそうなる、という言い伝えがある」と教えた。私たちの場合、モルヒネによるペインクリニックを受けていたのであるから、Mにそういう種類の言葉を発する余裕はなかった。で、私のほうから、いわば「最後の言葉」とでもいうべき「抱擁」を、その最後の入院の三か月のあいだにおそらく五回ばかり、やる成り行きとなったのである。

　このように書いているうちに気づいたのだが、父の亡くなった三十年ほど前、瀕死者へのモルヒネ投与はまだ軽いものにとどまっていたのであろう。もしくはモルヒネ投与の段階的な使用法が未発達だったのかもしれない。だから、父が死んだ直後に、医師が「ナムアミダブツの経を小声で唱えながらあの激痛に堪え切ったんですから、さすが仏門の方です」と私に告げたのだと思われる。その苦痛処理法の差異が、死の瞬間における父の表情が「瞼を限界まで開いた」悶絶であったのにたいし、Mのそれは「瞼を閉じたままの」衰死であった、という違いとなったのではないか。連れ合いとしてどちらを採るべきか、身体的な苦痛が小さいほうをとるのに議論の余地はない、と私は心に決めていた。命という名の身体的な現象は、精神という目的的な価値に率いられる現象にとっては、あくまで手段的な価値しか持たず、さすれば、精神が死に向かう際には、身体がその前に死に体になっていて何の不都合もありはしないのだ。

いや、そんな話をここでしたかったのではない。死にゆく者の体を抱擁するのにどんな意味があるのか、ちょっと考えてみたことがあり、それについて少し述べてみたかっただけなのだ。

私にとって抱擁とは（連れ合った異性にたいしてという限定つきの）、「確証が挙がる以前という点では予断としての、相手の身体を総体として把握するという形における、相手への全面的な理解」のことである。したがって、抱擁は（連れ合いへの）コムプリヘンションつまり「総合《コム》的な事前《プリ》の把握《ホールディング》」と同義となる。といえばあまりにもぎこちなく、また変に哲学めかした言い方になってしまうが、要するに、「お前の感じていること、考えていること、為したいことのすべてに俺は納得する」という意志表示、それが抱擁なのだと私は思う。連れ合いの死出の旅にたいする唯一真っ当な送辞がコムプリヘンションであるというのは、人間は、抱擁という身体的な振る舞いにあってもやはり、言語の限界内にあるということでもある。

そんなふうにいうのは生者の奢りというもので、死（にゆく）者には、生者なんかには了解不能の（自分の意識が無と化していくことにかんする）独特の境地というものがある、という反論が出されるかもしれない。もう四半世紀近くも前のこと、新宿のあるバーで、著名な文芸評論家とたまたま並んで座ったときのこと、七十歳とおぼしきその人は初対面の私に「死ぬのは本当に恐いものですよ」とポツリともらした。じきにその人が癌で亡くなったという新聞報道があったので、「そうか、あの科白は間近に迫った自分の死についてのことであったのだ」とわかった。なるほど、自分の意識がもうじきこの世から完全に消滅すると意識するのには、形容し難い恐怖が伴うのであろうとそのときは思った。

しかし私は、死の床にいた七十七歳のある思想家に「死ぬのはさして恐いもんじゃないですよ」といわれた体験もある。たしかに、永遠に死ぬことができないという苦しみと比べたら、死ねることの愉悦というものもありうる。そう考えてみると、死の恐怖がすっと薄らいでいく。Mの場合はどうだったのであろう。九年前、「余命はあと半年くらい」と告げられたあと、雨模様の夕暮れ時、揺り椅子をかすかに揺らしながら、「何か途方もなく寂しい気持ちになる」といっていたMが、このたびは、「もう助からないような気がする」と呟いたのみであった。

私はといえば、Mが寂しいとか怖いとかいうのを抑止すべく、というよりそれを聞くのが嫌だったので、闇雲といった調子でMへの看病を続けた。自分の老夫が下手くそな看病にふうふういって励んでいるのをみれば、老婦がひょっとして、自分の死について意識するのを少しは忘れてくれるかもしれぬ、と算段したのである。
　そんな目論見にどんな意味があったのか、つまりMが黙っていたのは私の目論見を見抜いたからであったのかどうか、今となっては覚束ない。ただ、「よくしてくれて夫には感謝している」とMが電話で話していた、と彼女の友人二人から事後に知らされた。それを聞いて私は、感謝とは大仰なと思いつつ、看病の最中にそんな弁をMから直接に一度も聞いたことがなかったせいもあって少しびっくりし、また自分の病気の進行具合のことをさておくMの物言いにもいささか驚いて、思わず涙しそうになった。Mに感激されるほどのことは何一つできなかった、連れ合いとしての義務を果たすことで時間ばかりが過ぎていった、そんなものにすぎないのが私の偽らぬ看病実績なのであった。

　最終入院をする前の三か月、家庭介護というものを、訪問介護士や訪問看護師の助けを借りつつやっていた。しかし外部からの援助は一日に一時間程度のことなので、家族のみんなが半睡状態にある時間を含めればあとの二十三時間、私と娘が交替でつきっきりの看病となる。癌病が体中の神経を冒すらしく、また家庭にはモルヒネは配られないので、Mは、とりわけ夕方から深夜までの時間、イタイイタイ病の患者めいた振る舞いを繰り返すしかなかった。それに一つひとつ対応して主として温湿布の取り替えをやるわけだ。それに薬の投与や（粥を中心の）食事の支度や排泄の手助けなどが加わるので、右手に筆やペンでないとしたらグラスを持つだけで半世紀を過ごしてきた私にとって、それはまさしく驚天動地の生活転換であった。

ホスピスつまり「終末期医療を病院から受けつつ、隣室には家族が居住して患者を励ます」という医療システムを利用するようにと勧めてくれる親戚もいた。しかしそれは丁重に断った。ホスピスが必要な家庭事情もあるに相違ないが、患者の精神のことを第一義とすると、「家族がとことん面倒をみる」というのが最も有効に決まっているからだ。それに、ターミナル・ケア（終末期治療）を受けている患者とその家族が、何人も何十人も、マンションの住人たちのように並んでいるというのは、いささかグロテスクな風景だ。そんな風景は、とくに死にゆく者にあって私的な感情や想念を大きく揺り動かす。つまり生きながらにして死体処理工場に入った気分になるのではないかと予想される。ホスピスはいわば葬送工場のシステムであり、そういうものは瀕死者にとって権力で監視される死刑囚の収容棟も同然と感じられるのではないか。若いときにそうした棟にたまたま（政治犯として）居住したことのある私にはそのように予想されてならなかった。腸閉塞が再発して、患者へのそれ以上の手術が不可能となるまでは、患者への看病の主舞台は家庭であるべきだ、というたぶん通常の判断に私は従ったのである。

次の入院は二度と自宅へは戻れぬことを意味するとMもよくわかっていた。だから、ピーポーピーポーと騒ぎ立てる救急車のなかですでに、私たち二人は、死出の旅を送る者と送られる者の関係にあり、そこでの餞《はなむけ》は、私の場合、件の「正々堂々とゆこうな」という言葉のほかには何もなかった。そこで、私のいう「ゆこう」が「行こう」ではなく「逝こう」であることについて口にしなかったのはもちろんのことであるが。

だが、モルヒネ投与が進行するにつれ、Mにおいてつのっていく譫妄状態はあまりにも正々堂々としすぎていた。そういってさしつかえないと思う。たとえば私は、大雪の日に、密葬の手配を頼むべく密かに兄の家を訪れた。それを逸早く見抜いたMは、戻ってきた私に回らぬ口で「馬鹿亭主」との言葉を何度もあびせた。それも当然で、自分の死体について何事かの準備をしている亭主の姿なんか、Mの（譫妄のなかですら）最もみたくないものの一つなのであった。

また、かならずしも順調に人生を送ってはいない息子、そして母親のためならば命を捨てることも辞さずといった風情でいる母思いの息子、その彼がベッドの母親に手を差し伸べたら、「ああ〜、悪魔の手だ」といった。しかもそのときMの表情には、はっきりと笑いが浮かんでいた。自分の産んだ子だから深い親しみを感じるが、しかし、お前が厄介な子であることについては正直に通告しておく、それが「微笑とともに発せられた悪魔の手という言葉」なのであろう。

娘に自宅から何かを持ってくるように頼み、娘がそれをみつけられなかったとき、Mはいった、「お前は開き目暗なの」と。私には、看病に精出す娘のことを「私たちの宝物ね」といっていたのに、譫妄が進めば、普段は断じて下品な物言いをせぬMの口から、それこそ悪魔のもののごとき罵詈雑言が次々と飛び出すのであった。

不思議なもので、あの陰鬱な入院生活のなかでもMの仕合わせがあったとしたら、それは、自分に似つかわしくない暴言を吐く譫妄状態においてではなかったのか、少なくとも医療器具を取り外すような形で暴れるまではそうだったのではないか、と私はときどき思う。しかもそれら暴言の数々には、私が馬鹿亭主であるというのがその見本であるように、多かれ少なかれ真実が含まれている。しかもそれらの暴言は、多くの場合、全身を奮い起こさんばかりの懸命の形相で発話されたのであるから、それらには何かしら重大な根拠があったのであろうとすら思われてくるのだ。

いや、そうでないのかもしれない。ある日、Mは朝から晩まで「ストップ、ストップ」といっていた。何をストップすればよいのかと尋ねると、「ぜんぶ」との答えであった。そして「ストップしないと全部が駄目になる」と加えた。私はこの言葉の意味についていてまだ考えている。正確な答えはみつからぬが、たぶん、「与えられたシステムの手にかかったままでいると、人の体も人間たちの家も解体され尽くしてしまう」とMは直観した、ということではないかと思う。自分が狂わされていくことが、Mには、環境世界の全部が崩落していくことと映じたのであろう。そしてその世界崩壊の映像には、日本列島や地球世界を眺め渡すのを仕事（の一つ）にしてきた私からみても、ただならぬリアリティが籠もっていると感じられたのである。

そんな世界批評をしている場合に私はないのかもしれない。クリティーク（批評）とは物事のクリティカル・ライン（臨界線）がどこにあるかを見定めることだが、臨界線に近づけば、人誰しも、おのれのそれまでの感性や理性のシステムがクライシス（危機）に直面していると知らざるをえない。それにつれ、臨界内で通用していた物事の評価にかんするクライテリオン（規準）が動揺しはじめる。私は、七十五という高齢で、自分の生の活力を差配してきたクライテリオンが「全部駄目になっている」と強く感じているのだ。

そうなったのは、私の脳内にいつのまにか入り込み、さらに長年月をかけてどっかと地歩を固めていたMの領野が、いわばロボトミーされて空白となったからなのだと思われる。その空白めがけて、残された脳が（私の意志にほとんどかかわりない調子で）「女性について感じ考える」べく働きかけてくる。この齢になって異性のことについて自分が思料せねばならぬのかと、うんざりの気分になりもする。

つい先刻の夕方、薄暗くなったマンションの一室で天井をぼおっと見上げて女性の性《さが》についてあれこれ想像していたら、自分が天井を一人で見上げているときは、幼児の頃からずっと、異性のことを想っていたような気がしてきた。公空間では異性のことにほとんど一片の思いも馳せないのに、私空間では逆のことが起こっている。Mにあってはそれと反対のことが生じていたらしい。つまり少女の頃、天井を見上げて、本のこと花のこと、友のこと絵のこと、あれやこれや諸事百般について想像をめぐらしていたといっていた。さすれば、公空間では異性の得点やその失点について、あるいは異性の能力や性格について批評を逞しくしていたのだろうか。M個人のことはいざ知らず、一般的にいって男女の視線がこのように逆方向にあるのだとしたら、たしかに男女のペアがあってはじめて、公私の空間がそれぞれ落ち着きを得るのだと思われる。とまで書いて陽が落ち切り、ここ新たな引っ越し先である世田谷の住宅街は静寂に包まれ、冷気も強まっていると知った。私の首、背、肩、腕、手の神経痛のケアをしなければならぬ時刻になったのである。

「××××しなきゃ駄目でしょう」

Mについての憶い出話はそろそろ御仕舞としなければならない。それなのに、筆を擱《お》こうとすると、あれこれと思い出が脳裏を掠める。しかし少し落ち着いて考えてみると、それらのほとんどがすでに（六年半前の、Mを励ます意図を暗に込めつつ男女関係の一般論として書いた）『妻と僕』とで触れられてしまった事柄ときているのだ。記憶にかんする時間軸が揺れ動き出したとなったらもう駄目だ、いよいよもって擱筆《かくひつ》、と心に決めたその日にMの従妹がやってきた。そしてその夜、外で食事をしていた折に彼女が不意に口にしたのが、私にとって恥ずかしいというか呆れるというか、ともかく自分らが夫婦になる前、どんなに幼なかったかを思い知らされる話なのであった。

私がまだ十六歳のとき、Mちゃんから、札幌の中島公園でボートを漕ごうと誘われて、そこで〝あなたにはまだ何のことかわからないだろうけど、この世には正義のために命を捨てようと考えている人がいるんだよ〟と聞かされたの。それがMちゃんの恋人についての話だということはすぐわかった。

二十歳の私は、たしかに、共産主義のための暴力革命が正義の行ないである、とMにいったであろう。左翼諸党派との喧嘩や警察機動隊との衝突のなかで命を落とすこともありうるとも話したであろう。さらに、自分の限界がありありとみえてくるまで自分は絶対に引き下がらないつもりだといったようなことも口にしたのであろう。政治的な「翼」とは、どんなものであれ、まったく無関係であるのみならず無関心であった彼女は、それら私の口説をグリム童話のように「怖い御伽話」を聞く様子で耳傾けていた。

しかし、私の本心にあっては、自分と自分の属する組織との両方の出鱈目さがよくみえはじめていて、「自分はじきにボロになりはてるのであろう、しかし、自分とその組織が、思想的にも組織的にも、一切の活力を失うほどに衰弱するまでは、自分はただただ前に、隅田川に自分の死体が（党派抗争の挙げ句として）浮かぶのを想像しながら進みつづけ、そしてたとえ生き延びるにせよ、もうじき自分の精神の足腰が立たぬような状態に落ち込むのであろう」と深く予感していただけのことである。半年の独房生活のあとで自分の属する組織が全面的に崩壊したのを知り、その状態で「三つの裁判」で被告人となっている、というのが私の二十一歳のときの姿である。そこでの意識は「正義のために命を賭す」のとはずいぶん違っている。単に、「似非の、しかも未知あるいは不可知のものでしかありえない（具体としての）正義、そんな観念をかざした者の心身は襤褸《ぼろ》と化すのが必然」と察していただけのことである。

若いMは若い私に正義をみようとしていた。双方、いくら若気の至りとはいえ、赤面の至りというほかはない。私が自分の正義をくどくどと語ったはずもないので、Mがそのように好意を込めて誤解したということであるが、当方としては、誤解の責を相手にあずけっ放しにしてはおれない。誤解させた責任というものが私にはあった、と当時を振り返らざるをえないのである。北辺の地の寒々とした公園で、一人の若い女がおそらくは小説類を読みすぎたせいで、私のことをそのように単純に美化もしくは正当化して、私に心身をあずけようとしていたのを知ると、気恥ずかしさを通り越して、空恐ろしくなる。さすれば、「襤褸と成り果てる自分のこれからの道にキミを誘い込むわけにはいかない。自分がこれから独りになるのは、このままいくと、訳のわからぬ成り行きで、人を殺すか人に殺されるかされるからだ。殺しのことはやむをえぬとしても、〝訳のわからぬ〟というのが嫌なのだ」という私の（その一年後あたりの）訣別の言葉も彼女のオツムを素通りしていったのか、それで、二十四歳になってから私を探しに札幌を出奔するの挙に出たのか。などと考えていくと、「翼の政治」というものを知らぬ一人の若い女のあまりにも単純な理解と無謀な決意の前で、今更とはいうものの、たじろぐ気分になる。

ただし彼女は、その後、私が（自称の）革命家とやらを辞めて浮浪者も同然となり、その十年後に学者となったり、さらには学職を辞して評論家となっても、さらにはアナクロニズムをあえて選びとって保守思想の書物を発表したり雑誌を出版したり塾を主宰したりTVに出演したりしても、人生行路にかんする私の選択に首かしげることが一度もなかった。それどころかひたすらに私の後押しをする調子であった。病気を患ってからも、入院期間を除いては、その調子を崩さなかった。そのかぎりでいえば、自分の亭主のことをむりやりにでも正義の人と見立てるのをやめなかったといえないわけでもない。そのことに感謝しつつも、しかし、少なくとも表面上でこれだけ紆余曲折や浮沈昇降の多い男の相手をすれば、正義の実質が何たるかが、私にとてわからぬが、彼女にあっても正体不明であったに違いないのである。そのことの反映だろうか、死の二、三日前、私が次のようにいったのにたいし、彼女が妙な反応をしたのは。

君の人生は立派だったよ。

もはやピクリとも動かせなくなった首を、それでも必死に横に振ろうとする仕種で、「違う、立派な人生なんかではなかった」と彼女は意志表示しようとした。それは、娘に「お父さんに有り難うといっておいて」と頼んでいたことからして、私に先立って身罷ることについての謝まりの意であったかもしれないが、しかしその否定の必死ぶりからみれば、「自分の人生に特筆されるべきことなんかは何もない。あなたに就いてきただけだ。子供だってあなたが欲しいというから産んだにすぎない」というものの口癖の繰り返しだったのではないか。純なのか幼なのかは判然としないものの、ともかく自分の男を信じる「ことにした」まま一直線に生を終えたMの前では、自分がここで書いているのは「死に損ない」の繰り言にすぎぬと思われてくる。

で、詮方なく、引っ越し先の我が寝室のタンスの上におかれている（密葬のときに用いた縦三十センチ、横二十五センチの）Mの写真と、その横に白布で包まれて鎮座しているMの骨壺とを、私はぼんやりと眺める。その写真は、六年前の秋に、Mとしては病身のまま、阿寒湖に赴いたときのものである。柿色の半コートを着込んだ上半身像で、カメラの前では緊張する癖のある彼女には珍しくニコリと微笑んでいる。その写真を、彼女の死後三か月ばかり、私は直視することができなかった。懐かしさの感情に自分が引きずり込まれるのが怖かったからである。今はさほどではなくなり、で、十秒ほどもそれを見遣っていたら、彼女のかつて発した声がふたたび聞こえる気がした。

阿寒の森もすっかりつまらなくなったわね。

Mが二十二歳のときに入ったその森には蝦夷松の大木群が鬱蒼と茂っており、それはまことに「縄文の森」と形容するのにふさわしいものであったという。旅館が手配してくれた案内人がMの不満の声を聞いて、「もっと奥へ行きましょう。本当の蝦夷松がまだ少し残っています」と、車を凸凹の山道へと乗り入れてくれた。松林の姿が（エコロジーの法則に従って）何十年の周期で変貌するのか、私は詳らかにしない。ともかく、たしかに、まだ生き長らえていた本当の蝦夷松は直径が一・五メートル以上もあろうかという立派なもので、かかる神木めいて威厳のある大木の根元には、一本に一人ずつ、コロポックルが棲んでいて不思議ではないと感じた。

私が姿を消していた四年近くのあいだに、Mは北海道の各地をしばしば一人で旅していたらしいのだ。

根室や厚岸《あっけし》あたりの「渡り大鴉」の集団的な喧嘩は、敵の犠牲者を先のとがった柵棒に突き刺してみせしめにする、というドラキュラ伯爵を思わせる凄いものなのよ。

と私に教えてくれたのも、彼女の実際の観察にもとづいてのことである。当時の彼女は、私のことを、「勝手に近寄ってきて勝手に立ち去っていた不埒な奴」とだけ思っていた。そうだったのだとあとで何度も、詳しい説明なしに聞かされた。そんなふうに考えていた若い女が蝦夷松の森に入ったり大鴉の大喧嘩を目の当たりにしたりするのは、さぞかし陰鬱な気分であったろう。いや、反対に、自然の迫力が人為のはかなさを追い払ってくれるといった爽快な気分であったのかもしれない。

その四年についてMは多くを語らなかったし、私も少ししか尋ねなかった。私のほうの四年間についても同様であった。「語りえぬ四年間」という秘密によって二人が少し強めに結ばれていたという面もある。だから、阿寒湖を背景にして浮かべた彼女の微笑が、単なる写真用の瞬時のポーズであったのか、それとも、五十年近く前の一人旅のことがその脳裏に浮かび、その旅の原因となった「失踪せる男」に今は写真を撮られているという皮肉な顚末を思ってのことであったのか、今も判然としない。

私は、なぜ、その写真をどこかに蔵《しま》ったり捨てたりしようとしないのか。私にとって、当たり前のことだが、Mは私の記憶と思考のなかにしか存在しない。その写真によって「Mの魂」の存在が示唆される、といったような嘘話は私の好むところではないのだ。その写真が寝ている私を見下ろすようにして頭上にあるのは、あくまで私のオツムのなかの記憶を刺激したり思考を落ち着かせたりするための道具としてであるにすぎない。

こんなことをわざわざいうのは、「Mさんが御空から見ています」といったような言葉を、何人かの女性から、聞かされたことがあるからである。そんな折、齢甲斐もなく私はムッとする。そして子供っぽくも、「御空に彼女がいるわけないだろう」と応じてしまうのだ。「御空」といっても「霊魂」といっても、それらはその死者のことを想う生者の頭脳のなかにしか存在しないということを、喋り言葉であれ書き言葉であれ、確認するように少しは丁寧に語ってもらいたい。そうしないと、人のオツムが曇り空になる。霊魂なんかは曇った精神の作り出す絵空事にすぎない。

骨壺が写真と並んであるのも然りである。正確には「それを骨粉にして、北海道の原野の（私たちにとってちょっと行き掛かりのある）然るべき箇処に撒く」というのがMとの約束事になっている。しかし、その地まで熊笹を分けて入るのは私にとって面倒至極で、北海道のほかの（別の行き掛かりのある）海辺に撒布場を変えるつもりである。さらに、自分の体調がかならずしも順調でないので、撒布時を来年に延ばそうと算段してもいる。いずれにせよ、Mとの約束を曲りなりにも守るのは、そうしておくのが子供たちの気分に添うと考えてのことにすぎない。「墓」の作成というホモサピエンスの、それどころかネアンデルタールすらが行なっていたという、人類のうるわしいとされてきた風習が、私とMの双方にとって、何の重みもなかったのは確かである。

　墓が必要なのは、縁者たちのなかに死者にかんする記憶と思考が（放っておくと消え失せてしまうほどに）薄かったり弱かったりする者が多く含まれており、それで、墓を囲んで何らかの儀式を営めば、それら生者たる縁者たちの結びつきを少しは強めることができる、という期待効用からである。私たちの場合、そういう期待を持っている縁者がいるとは考えられないので、墓なんか無用の長物なのである。

　そんなふうに考えている男がどうして亡妻の（密葬とはいえ）葬儀をやったのか。理由は簡単で、密葬をすら端折るの挙に出ると、周囲から人非人あるいは変人奇人の誹《そし》りを受けるに違いなく、それを追い払ったり説き伏せたりする気力も体力も私には残っていないからだ。それに加えて、遺体処理の手続きを自分一人でやるのは、今の役所のシステムにあっては並大抵の作業ではなくなる。私のいいたいのは、葬儀をやることの是非ではなく、儀式にかまける心根にはどことなし浅薄なものがある、ということである。

儀式そのものを軽んじてこんな不愛想なことをいうのではない。人間が儀式から自由になることなど、できる相談ではないのだ。なぜといって、人間を人間たらしめている言葉が、挨拶などのエチケットに典型をみるごとく、とくにパロール（言語実践）にあって、儀式の体系となっているからである。したがって、「御空」とか「霊魂」とかいう言葉も、表現上の儀式だとみなしうるなら、それを聞いて目角《めくじら》を立てるほうが莫迦だということになる。

ただし、無自覚な儀式主義者が存外に少なくなく、彼らに葬儀とか墓石のことを喋々されると、私はやはりムッとする。とりわけてムッとするのは、普段はエゴ丸出しで生きているのに、事が他者の死だとなると、まるでハイエナのように死者の周りに群がり、殊勝な素振りで儀式に則って項《うな》垂《だ》れたり跪《ひざまず》いたりする人々の場合である。「生誕百年祭」や「没後五十年祭」のことを含めて有名人の死をめぐる儀式に集まってくるのは、大概、そんな連中だ。そんな手合の免罪符として霊魂物語や墓石作成や葬儀開催が行なわれるのは、死者への冒瀆というものではないのか。いや、死者にはその冒瀆の言葉が聞こえないので、それは死者についての記憶と思考に真剣に取り組もうとしている特定の数少ない生者への侮辱だ、ということになる。

ブラスフェミー（冒瀆）とは「穢《よご》す言葉」のことである。自分の吐いている言葉が価値あるものを穢すためのものだと自覚しているのならば、それは、価値が何であるかをすでにいかほどかは理解しているということを意味する。それすなわちビリーフ（信仰）への第一歩である。ここでどうして信仰という言葉が出てくるかというと、どんな儀式も（信仰の体系としての）宗教とは無縁でおれず、無宗教の儀式なんかは最悪の儀式というよりも儀式の名に値しないとみなさざるをえないからだ。また、価値観における矛盾を解こうとすると、より高次の価値を志向するのやむなきに至り、その価値観における垂直方向の運動は、ついには「究極の価値次元」を仮設するという意味で、仮説的信仰としての宗教心を何びとにも抱懐させるという方向に進んでいくことになりもする。

　私の嫌う儀式主義者の無自覚とは、自分はさも信心の厚き者であるかのように偽装して儀式に参加しておきながら、その儀式を単なる（キルケゴールのいった）「宗教芝居」としてしか演じていない連中のことである。その演技が、たとえば八九三《やくざ》の葬儀における「義理」の遂行のように、自分たちの生存条件の一つだというのならともかく、大概の葬儀は退屈凌ぎや苛立ち紛らしに属する。あるいは、自分の死も立派な葬儀で飾ってくれよ、という集団的な予約の場にすぎない。そのことを自覚していない者たちとは、人間の死をめぐって語り合うのはもちろんのこと、同席すらしないというのが私の流儀になっている。

　死に逝く者とて、自分の死後に自分の死を種にしてその種のグロテスクな似非儀式が行なわれると死の直前に予測・予想・想像しなければならないとしたら、その瀕死者が精神の健常を保ちえている場合、「私を侮辱するな」といいたくなるのではないか。その連れ合いも、「俺の妻（あるいは私の夫）を暇潰しや気休めの種にするな」と少なくとも内心で考えるに相違ない。私は、自分が浄土真宗の坊主の末裔であることを思うたび、父親が少年の私に向かって「今の坊主は堕落している」と口癖のようにいっていたのを思い起こさざるをえないのである。で、酒場話に限定してのことだが、「宗教団体で教祖を名乗った者はすべて詐欺師である」との暴言を吐くのが私の習わしになってしまった。詐欺というのはむろん乱暴な比喩にすぎないが、アレゴリー（寓喩）つまり「具体的な話で徳の在り処を示唆する」以上のことは、宗教話から何も受け取れない、それが私の場合なのだ。

そう考えてきた私は、少し誇張を混じえていうと、連れ合いの死を自分独りで受け止めようとした。それが間違いであったとはいわない。引き受け切れないものを引き受けようという冒険があればこそ、連れ合いという世にも不思議な人間関係、つまり「全く不確実な未来へ向けての（暗黙の）長期信頼関係」を結ぶという御伽話が可能となるのである。だが連れ合いが死んだ事後に判明したのは、連れ合いの死はおのれ一人で引き受けるには重すぎる、という簡明な事実である。考えてみれば、連れ合いの人格とてその社会のその時代のなかで形作られたのだから、その人格が生けるものとしては消失するという事態が（歴史的なるものとしての社会を抜きにして）自分一人で受け止められるほど軽いものではない、というのは当然のことだ。

その重すぎるものを受け取って（看病を始めてからでいうと）九年が経つうち、その間に（生前のMに自分の仕事ぶりをみせておこうなどと調子者よろしく考えて）執筆に根を詰めたり、逆にストレス解消のため酒席の数を多くしたり、という老人にふさわしくない日々を送る始末になった。主としてそのせいで、頸椎が大きく曲がり、全身に間歇的に激痛が走り、食欲が日に一・三食の程度に下がり、焼酎一杯で頭がフラフラになるといった有り様となっている。さらに精神面でいえば、長期に及んで連れ合ったせいで、Mの人格は私のそれに深く侵入してしまっている。だからその死は私の人格に大きな穴ぼこを穿《うが》たずにいない、という成り行きとなる。つまり私は、Mの死を引き受けることのできる有資格者かどうか、怪しい始末となる。

そこで「そうか、自分は廃人と化しつつあるのだ」と痛感するのやむなきに至る。七十五歳ともなれば、書きたいもので書けるものはみんな書いた上に、家族の面倒を看る必要も能力も大して残っていない。といった気分のなかで連れ合いに先立たれるという事態をごく客観的に評してみると、「おのれのスクラップ化を知らされる」ということ以外ではありえないのである。

「若い人たちへの励まし」という仕事が残っている、と（たぶん親切心で）いってくれる者が何人もいる。しかし、そんなことが本当に可能だとは私には思われない。どだい、私自身、若い折に年配者からそんな励ましを受けた覚えがまずない。いや何回もあるといってもよいのだが、それら励ましの言葉は私にとってはおおよそ見当外れのものであった。そう思ってしまうについても、励ましを受けることを欲しなかったという私の性癖の反映、という面が少しあるのかもしれない。しかし、その性癖にも、「他人を励ますことに伴う（自分を高みにおく）傲慢もしくは（自分を状況の外部におく）

無責任」を嫌う、という真っ当な言い分があるのである。

ただし、私は他人を褒めるのに吝嗇《りんしょく》ではない。褒め上手だという自負すらある。だがそれは、良いものを良いと強調するだけのことであって、またそうしないのは卑怯だと思うからであって、それらの褒め言葉に励ましの意味は乏しいのである。

社会にとって、さらには家族にとってすら、自分が用済みになったら、おまけにスクラップたる自分の延命が社会や家族の邪魔になるとわかったら（事情が許すかぎりという条件はつくものの）自裁すべし、というのが私の二十年来の持論である。というのも、生命なんかは（どう考えても揺るがせにできないと思われる）徳義を実現するための手段にすぎないからだ。手段の価値しか持たぬ生命を目的の次元での至上価値にしてしまうと、徳義にたいする冒瀆がすべて許されてしまう。その意味でのニヒリズムに人間精神が道を譲ることになる。生きることそれ自体のための横暴・野蛮・臆病・卑劣、そんなものをヒューマニズムの名で肯定する戦後日本を私は嫌い通してきた。ヒューマニズムは人間が「生きながらにして錆びつく」のをよしとする似非の宗教と思われてならなかったのである。といったわけで、自裁にはニヒリズムの根を断つという偉大な効用があると私は考えつづけている。いわんや、スクラップ人間の虚無心などは根こそぎ否定されて然るべきものだ。

「連れ合いに死なれた男が、老人の場合、急にスクラップ化するのはどうしてか」と私はあらためて問うてみた。そしてその答えはすぐにみつかったのである。人間の言語行為の根底には、広くいえば（国語をめぐる）故郷感覚と、そして狭くいえば（概念＝人工言語ならざる）日常＝自然言語における日常感覚とがある。実は私の場合、同郷にして同世代の女性を連れ合いにしたおかげもあって、彼女を故郷感覚と日常感覚の醸成される場所として用いてきたのである。つまり「故郷と日常」の代用品、それがMなのであった。だから、それが消失するとなると、私の言語構造の土台が抜けてしまい、私の精神が調子外れの状態に入る。そんな次第で、薄いお茶割り焼酎二杯とニコチンの弱い煙草を日に二十本で、睡眠導入剤二錠の助けをかりつつ浅い眠りにつく、それが最近における私の暮らしとなってしまった。

そんな具合のよくない私のオツムが紡いだ夢のなかに、半年間で初めてMがちらりと登場した。彼女は薄暗い部屋の布団に背をこちらに向けて寝ていた。そして首を折る形で私のほうをみた。それは、半ば幽霊の雰囲気を持っていたという点では少し薄気味の悪い一瞬であったものの、久し振りに聞く彼女の声には胸を打たれるほどに懐かしみを感じた。彼女は私のほうを振り向いて何をいったか。

××××しなきゃ駄目でしょう。

しかし、しかし、肝腎の「××××」の部分はいささかも聞きとれなかったのである。英語でいうと、MはYou should doもしくはYou must doとだけいって、それに続くはずの目的語を省いたわけだ。あるいはdoの内容を何も特定しなかったのである。「為さねばならぬ、だが何を為すべきかは教えてやらない」というのだから、ずいぶんと冷たい幽霊ではある。

いやそれは、私の脳が作った夢なのだから、私のいいたいこと、および私の想像するMのいいたいことがそこに表現されているだけのこととなる。つまり、「為さねばならぬ」ことをみつけるのが最も重要なのだと認めはするものの、しかしそれが具体的に何であるかについては「今此処の状況」が与えられるまでは判然としない、それがYou should (or must) do の意味するところだ、との夫婦は考えてきたということである。

だが、そんな双方にとって既知であった一般的命題を亡妻に再述させる、というのでは面白くも可笑しくもない夢だ。私にとっての判断・決断を要する「問題としての状況」は何なのか、と夢のなかで私はMに問わせたのではないか。そう考えてみたいところだ。私にとっての解決を迫られている状況、それは私の精神におけるゲマインシャフト(日常性)の崩落現象である。要するにMのいおうとした「××××」は、「日々の生活を平衡感覚ゆたかに組み立てる」ことの必要、というごく凡庸な事柄であったはずだ。「凡庸なものが精神の土台となっている」のであるからには、たしかに、その崩落を再建「しなければ」私の生がすべて「駄目」になる。

しかし、日常性とやらをこの後期高齢に達した鰥夫《やもお》が再建できるわけがない。というのも、その日常性たるや、具体的にいえば、「ちょっとしたことをどちらかが話しかけ、それにたいし相手がちょっとした言葉を返す」ということを中心にして成り立っているからである。読者はおわかりであろうか、「ちょっとした会話」、それが人間精神の土台であるらしいのだ。念を押させてもらうが、食事や掃除や洗濯などの「暮らし」、そんなものは私にだって何とかできる。絶対にできないのは、霊魂を嘘話と見立てる私の場合、「死者とのちょっとした語らい」なのである。

この七か月余、私に可能であったのは、来る日もくる日も、日がな一日といった調子で、Mのことを茫漠と感じていることのみで、それ以外のことは、実質、何もしてこなかった。いわゆる「仕事」は、雑誌においてであれTVにかんしてであれ講演についてであれ、あれこれこなしているものの、それについての「ちょっとした会話」が日常生活において不可能となると、私の場合、仕事の意味が大きく減殺されるのである。そこに立ち昇り広がりゆくのは、「抽象的な哀しみ」の感情といったものだ。それが私の精神の上空に薄雲のように留まって、どこにも流れていこうとしない。歌謡曲によくある凡庸な心象風景と承知しているが、ともかくその心象が雲となって浮かんでいるのを私は黙って見上げている。昨日も今日もそうしていたので、明日も明後日もそうするのであろう。ポカリと私の視界に浮かぶその白色雲をみているうち、自分も此の世を離陸して雲に向かって昇っているのではないか、という感覚に襲われる。それを情け無い状態だとは少しも思わず、むしろ自然現象の一種だくらいに私は受けとめている。

で、気分が少し軽くなり、私の脳に詰まっていた記憶も次々と空中を浮遊するようになる。蟬とキリギリスを追っていたあの幼年、重い吃音にとらわれて自閉し切り、さらに妹の一人を交通事故に遭わせて狂人となる寸前で蹲《うずくま》っているばかりであったあの少年、政府にたいし原始的で出鱈目なレジスタンスをやった咎で囚われ人となって、「死刑囚が獄内で首を吊る」のに妙に感心したりするようなことをしていた挙句、仲間とやらに「戦線逃亡」を宣して訣別を告げ、裁判所通いのほかは浮浪者よろしく裏街を彷徨っていたあの青年、そのあと学校で講義をしたり雑誌に論文を書いたり、自分のスペシャルな分野であった経済学を投げ捨てたりジェネラリストになると構えて多分野の書物に眼を通したり、書物を梓《あずさ》に上らせたり講演をやって小銭を稼いだり、TVに出演したり塾を開いたり国内講演旅行をこなしたりカネをはたいて国外家族旅行を重ねたりしていたあの壮年・熟年・老年、彼らの記憶の大方をMが空中へと引き連れていったらしいのだ。

思えば、そんな埒の明かぬ人生を送っていたさなかにすでに、私自身が、自分の経験のすべてが時の流れのなかで人々どころか自分自身が忘れたりどうでもよいことと思ったりするという意味で無効に帰していくのを予感していた。それに伴っていつも哀しみの感情のようなものが私をとらえていた。ましてや、私のにかぎらずどんな作品をもニヒリズムによって錆びつかせるのがマスクラシー（大衆の支配）を牛耳るメディオクラシー（情報媒体の支配）である、そしてそのメディアには家庭や学校および企業や政府における紋切型の会話法や行動型も入る、と私はとうの昔に知っていた。それと抗うことだけに意味が宿るとして「筆と口」による疑似の戦さをやってきたつもりであるが、私の戦闘意欲はもうほとんどなくなってしまったのだ。「お前の根本感情は何か」と問われたら、結局のところ、「哀しみ」と答えるのが私の習いであった。だが、今や、私の哀しみの一切合財がMの死のなかに包み込まれ、白雲となって上昇し、私の精神の上空に浮かんで動こうとしない。「哀しみ」をしっかりと把《つか》み持つことすら私はできなくなったようなのである。

こうなるのはデスティニー（「定められた道」としての宿命）であり、宿命の前では誰しもおのれの非力を知る。生の矛盾が、死が迫ってもなお一向に解きえぬ課題として堆《うずたか》く積まれている。私が現代日本のドン・キホーテたらんとして、サンチョ・パンサの知恵も少々加味しながら、アメリカニズムをウルトラモダニズムつまり「純粋化された近代主義」としての「左翼」とみなし、その従僕となって恥じることのない日本の「戦後」を「保守の墓場」と見立てて、それへの批評や批難を逞しくしているのをMは目撃していた。マスマン（大量人）、モデルマン（模型人）、ムードマン（流行人）の大群に逆らいつづけ、そして予想通りに敗北していく私を、Mはつぶさにみていた。自分の男への理解者がほんの少し増える気配が続いているとはいえ、そんなのは大海の粟粒にすぎぬともよく承知していた。同時に、ウルトラモダンの現世が、グローバリズム（地球主義）の名によるグローブ（地球）への破壊となってスタンピード（大敗走）を起こし、今や世界に「大戦の気配」すらが漂っていることについても、よく理解していた。そんな文明の砂漠化が国内外に広がっていくのにたいし、頽《くずお》れるほどに凹たれていながら凹たれた素振りを一向にみせぬ自分の男を、Mは面白そうに眺めていたのである。

そうした荒涼たる時代風景のなかで、自分が造ったさしてとりえのない家族のことだけを命をかけるほどに気にしつつ、黙々と死んでいったMに哀れを覚える。もっと躍動感のあふれる生き方を、そしてもっと意気軒昂たる死に方を、彼女に与えてやることはできなかったものか、と少し思料しはする。しかし、自分なんかはしょせん、餓鬼の頃からの筋金入りの流れ者そして外れ者つまりはアウトサイダー、すべてはフェイト（「避けえざる道」としての運命）によってこうなったに違いない。

私がMとの長い関係において会得したのはたった一つ、その関係に安定をもたらす精神の平衡術は相互の「然り気ない心配りにもとづく平凡な会話」においてほかにないということである。彼女と知り合ってから六十年ばかり、そんな長時間をかけてそんなつまらぬことしかわからなかったのだから、自分の読書も執筆もおおよそ無駄なのであった。というより、いわゆるトゥリメンダス・トライフルズ（非凡なる平凡事）を知るのが読書や執筆の最大限、ということを嫌というほど知らされたのである。加えて、私は自分の書く「社会の時代」と「個人の人生」にかんする物語をおおよそ正鵠を射ていたと考えてはいるものの、正しさが言論界で罷り通るならメディオクラシーなどはやってこなかったはずなのだ。つまり、自分の作物《さくぶつ》が「メディアにおいてモードとなっているモデル」の見地から公平に評価されることなど絶対にありえないと私は確信してきたし、そういう立場に自分があることに不満を覚えることもなかったのである。

そのように瞭《しか》と確認したものだから、自分の「敗北宣言」か「自尊誇示」かは定かならねども、ともかく今度の引っ越しに際し、蔵書をはじめとする職業上の物資はあらかた廃棄した。そうするのに何の躊躇も感じなかった。それは、自分の痕跡を消してしまいたいという子供の時分からの（外れ者に特有の）願望が、また撤退戦にあってはできるだけ後方に引き下がるという私の処生術が、Mの死を切っ掛けにまたぞろ急に膨らみはじめ、ついに、悟りの境地とまではいわぬが、ほぼ最終の自己了解に到達したということなのであろう。それは、負けを覚悟で戦う者は負けの証拠なんか残したくない、ということなのかもしれない。その意味で自分はすでに半死者になったのである。そのことを、周囲の方々に向けてここに申告し、私のことなどは御放念下さいと頼んでおく次第である。

とまで書いてはっきりとわかった、Mの「××××しなきゃ駄目でしょう」は「もうやめなきゃ駄目でしょう」ということであったのだと。そういえば、惚け面を世間にさらしている老人たちをたくさんみているうち、自分がいずれそうなるのを恐れて、「仕事の引導はお前に渡してもらいたい」と私は、冗談口によってとはいえ、Mに何度も頼み込んでいたのであった。生きているかぎり「事に仕える」べきものだとすると、その「引導」は生き延びることの否定を意味することにもなる。私の生そのものにたいし引導を渡しにMは私の夢のなかに現れたのに違いない。さてさて私は、係累が少数ながら残っているという事情にある今此処で、どうすればよいものやら、「やめるのを一日延ばしにしている」自分の滑稽な姿を見遣って、苦笑せざるべからずの心境ではある。

いや、苦笑は自分の苦境をウヤムヤにするための便法にすぎないとわかっている。必要なのは苦笑ではなく哄笑なのであろう。私が「しなきゃ駄目」なのは、自分をめぐる出来事の一切合財にたいして哄笑をもって応じ、その明かるく高い笑いによってセルフ（自分）のなかのエゴ（自我）をみずから放念するほどに極小化することに違いない。私という半死者は、「妻と僕」がある意味での心中死を遂げたここ一年間の一連の過程にたいし、高笑いを差し向けておく以外に為す術を持たないにきまっているのだ。

それなのにその種の笑いを私は自分の長い人生で一度もやった体験がないときている。哄笑の仕方を私は知らないのである。哄笑という簡単なはずの営みが最も必要なそのときに最も困難であるというのは、私の「今此処」が抜き差しならぬ状況にあるということなのであろう。半死者となった老人には、さしあたり、そんな状況に耐えて黙っている、つまり沈黙という言葉に徹するほかに、亡妻への悼《いた》みの言葉がみつからない。だから、この一文を最後にしてMについては、たとえ彼女が私の夢にこれから何度も出てきたとしても、Mの死はMのものであって私のものではなく、Mの死についてはついにわかり切らぬものが私には残るのだから、また死んだ者はもう還らないという現実には抗しようもなく、どう論じてみてもMを失ったことについての寂寥感に至り着くほかないがゆえに、もう語らないことにする。ついでといっては本誌とその読者とに失礼だが、Mをめぐる話のあとでひょっとして熱の籠らぬ調子で誰か亡くなった人のことを「憶い出」すことになってしまったら、その故人の縁者に不愉快を与えるであろうから、この「憶い出の人々」の欄は今回をもって店仕舞とさせていただく。

（『生と死、その非凡なる平凡』より、新潮社、二〇一五年）

自死の思想

富岡幸一郎

衝撃的な自死というのではない。

物静かな、とくに身近に接していた者にとっては予想していた死であった。本人自身がかねてから周囲に語っていたし、本書を通読すれば明らかなように明解に自らの死の在り方を予告的に書き記しもしていた。

平成三十年一月二十一日の午後、外出先で携帯電話を受けた私は西部邁の自裁を知った。二十一日の未明に多摩川にての入水自殺とのことだった。年末に西部氏を囲む忘年会を、雑誌『表現者』の表紙を飾っていただいた漫画家の黒鉄ヒロシ氏ら親しい方々とやったのだが、私にとっての最後の別れとなった。文芸評論を二十代で書き始めた私を三十一歳のとき西部氏は雑誌『正論』で連載している対談に相手役として呼んでいただき、その後西部氏が自らの言論活動の拠点とした個人誌の『発言者』（一九九四年〜二〇〇五年）、その後継誌『表現者』（二〇〇五年〜二〇一八年）に執筆者として参加させてもらった。『表現者』では編集長の任もまかされた。四半世紀にわたり、西部邁という評論家に比較的身近に接してきた者として、その死は受け入れ難いものではなく、「自殺」という言葉も使いたくはない。驚きと悲しみはやはり深く、今この稿を書いていても心にうがたれた空洞を覚えるが、その死はむしろ自然なものとして感じ取っている。またそう受けとめたいのである。

翌日、一月二十二日は鎌倉では早朝から烈しい雪となった。新聞などへの追悼文を急ぎ認めながら、酷寒のなかでのその死を想い、窓外の木々の枝を揺らす風に舞う雪を時折茫然と眺めやるほかはなかった。奥様を長い看病の果てに四年半前に亡くされ、自信も頸椎の病からくる痛みなどの身体の不如意に耐えながら、顧問として『表現者』の刊行に最後まで力を尽くされ、TOKYO・MXテレビの「西部邁ゼミナール」の出演にも熱心であった。体力は幾分かは弱られていたが、精神力も気力も充実し、座談の席では議論を盛り上げ時に舌鋒鋭く語ることもあった。隔月の『表現者』の編集会議や座談会の後などは、新宿の酒場に席を移し朝方まで対話を楽しむこともあった。肉体的に「死が間近」となっている気配はなかった。

しかし、死の半年ほど前から西部氏は周囲にはほとんど公然と自らの死の意思を語るようになっていた。のみならず、『ファシスタたらんとした者』（平成二十九年六月　中央公論新社）、『保守の真髄』

（平成二十九年十二月　講談社現代新書）、そして没後に刊行された『保守の遺言』（平成三十年二月　平凡社新書）の一連の〝遺作〟には、その文面において自らの「自死」をはっきりと宣言していた。

『保守の遺言』の「あとがき」の日付は「一月十五日」と記されており、そこにはこう記している。

《平成二十九年十一月三十日をもって娘に筆記をやってもらっていた口述への手直しが完了し、これで僕の何ほどかの公的な活動は、MXテレビへのあと四回分（八十分）の撮影を残して、すべて終わった。ということは、自分の外部に存在しているのみならず内部にも多少とも食い込んでくる「状況」というものをほとんどすべて抹消するのに成功しえたということで、これでやっと「病院死を拒けて自裁死を探る」態勢が完了したということである》

「病院死を拒けて自裁死を探る」とは、本書をすでに読まれた方は理解されるだろうが、現代において「自然死」といえるようなものはごく少数であり、病院に運ばれて治療や手術を受け、延命治療もふくめたさまざまな人工的な作為のなかでの「死」を選ばざるをえなくなるということである。近代科学・医学のテクノロジズムが、人間の自然な老衰といった「死」をすでに物理的にも制度的にも困難にしている。生命というものを寿命といった言葉でとらえることすらも難しくなっている。

西部氏の死の決断と選択は、深く考えられているが故の静かな自然なものとして受け止めたいと私はいったが、しかしその「死」は単なるプライベートなものに留まらない。現代を生きるわれわれに人間の生と死をめぐる根底的な問いを突き付けているからである。

「人工死」への警鐘

本書第一部の「死生観が道徳を鍛える」の一文は、『国民の道徳』という大著の最終章で書かれたものであるが、現代における「病院死」すなわち「人工死」は、ただ医療や病院の問題だけではなく、むしろ生命至上主義に現代人がどれほど蝕まれているかがきわめて具体的に指摘されている。それは生きることへの人間の本能といった次元のことではなく、「生きていること」にしか生の価値を見出しえなくなっている虚無の所産となり果てている。

《……生き延びること以上に大事なことはないと構えたとたんに、生命は一切の価値を打ち砕く石臼に変じたのである》

現代人が「死」にたいする思考を停止してしまったのは、医療技術や延命治療といった機械や器具の使用ということによってはじめて生じたのではなく、人間の本質そのものに関わっている。戦争や災厄による死から遠ざかり、「平和」で「豊かな」生活が日常的になっていくことで、ついに人々は生命の意義がわからなくなっていく。「道徳」というテーマはここで「死」という究極の議題と結びつく。

《道徳は、さしあたり、人間の外部にある慣習として立ち現れてくる。しかしそれは、人間精神の内部にある、意義ある生を送って死にたいといういかんともしがたい価値への欲求が、歴史のなかで徐々に形を整えてきたものなのだ。そして「意義ある生」における最大の難解は、自分がどういうふうに死ぬのかという予期が現在の生の意義すら左右するという問題を、どう解決するかという点である。つまり道徳の中心には、死に方についての知恵がなければならない。その知恵を軽はずみにも虚無主義と誤認したために、生命尊重主義のほうがおびただしい虚無を招き寄せ、ついに知恵なき殺人に子供たちを追いやっているのである》

道徳を人間の内と外の両側から、そのバランスからとらえること、そこでは生と死を考えることの平衡がなければならない。現代人は「死に方」についての思索と作法をほとんど忘却しているのではないか。死そのものは決して虚無ではない。メメント・モリ（死を想う）ことをやめたところで、虚無がはびこり出し、生の意義は喪われているのではないか。

西部邁の「自死」の思想は、ここから出てくるのである。

しかし、現代において「病院死」が「人工化」と化してしまい、「死に方は生き方の総仕上げ」であるということが如何に困難な状況になっているとはいえ、また長寿社会の到来が結果として「生き延びる」ことを至上とするような、人間の生の本来的意義からみれば矛盾と逆説しかもたらされなくなっているかといって、自らの命を絶つという行為がただちに是認されはしないだろう。自殺を肯定する、少なくとも理論上とはいえ「死生論」文脈で語ることに飛躍はないのだろうか。別のいい方をすれば、こうなるのだろう。「自死」を「最後の思想」として語ることはできるのか。本書のひとつの核心部はこの問いにあるといってよい。

「私性」と「公性」の葛藤

本書第一部の「死の意義」「死の選択」「死の意味」は、西部邁が五十五歳のときに上梓した『死生論』からとっているが、これは戦後の日本といういびつな「太平の世」に差し向けられた現代の『葉隠』なのである。

『葉隠』は、江戸の前期（享保元年）にすでに武士が戦《いくさ》から遠ざかり太平の時代を生きなければならなくなったとき、その「生き方」の指南を鍋島藩士・山本常朝が語った尚武思想の本である。『葉隠』はまさに「死に方」がわからなくなった時代に「死」の意識を想起させることで、いかに生くべきかを説いたのである。

《武士道といふは、死ぬ事と見附けたり。二つ二つの場にて、早く死ぬはうに片付くばかりなり。……毎朝毎夕、改めては死に改めては死に、常住死身《しにみ》になりて居る時は、武道に自由を得、一生越度なく、家職を仕果すべきなり》

つねに死を心に当てて、万一のときは死ぬことを選べば間違いはない、死ぬべきときに死なないのはよろしくないとの行動哲学である。実は、山本常朝その人は六十一歳の長寿で畳の上で死ぬのであるが、彼が説いているのは武士の決断であり、「常住死身」になることによる「生き方」の作法である。

『葉隠』を座右の書としてきたという三島由紀夫は『葉隠入門』でこのようにいっている。

《……『葉隠』はそういう太平の世相に対して、死という劇薬の調合を試みたものであった。この薬は、かつて戦国時代には、日常茶飯のうちに乱用されていたものであるが、廃兵の時代となると、それは劇薬としておそれられ、はばかられていた。山本常朝の着目は、その劇薬の中に人間の精神の病いからいやすところの、有効な薬効を見いだしたことである。》

西部邁の『死生論』は、「戦後に育った人間」である西部氏（終戦の年に小学校一年の六歳）の、自らが生きてきた戦後という時代があまりに「死」を忘れ去ろうとしてきたことへの反逆であり、三島由紀夫の言葉を借りていうならば「劇薬」であろう。西部氏は後で詳述するが、少壮の社会経済学者から出発したアカデミズムの狭い専門性をこえた評論家として論壇では注目されるようになるが、その思想の要には高度経済成長のもとに出現した戦後日本の大衆社会への根源的な批判があった。『死生論』もまた大衆社会と化した日本と日本人にたいして、「死ぬ事と見附けたり」の一撃を加えたものにほかならない。

西部思想は、しかしそのクリティークの刃を自身にも差し向けるのであり、そこでは自己の「死」

への考察が不可欠なるものとなる。

《……四十歳代から今に至るまで、死の問題が私の観念にいつも触れている。死の観念が、微弱とはいえ、私の知覚や認識を根本において揺り動かしている。しかし公性がほとんど剝奪された感のある戦後という時代にあっては、死はプライヴェイトな領域に追いやられがちである。より正確には、死における私性が肥大化させられ、公性が矮小化させられている。そして、そういう「戦後的な死」こそ怖いのだと思いはじめた。怖いのは死が「私」の領域に閉じ込められることなのだと考えだした。いうまでもなく私はまだ死んだことがないので、それは実体験によるものではなくて、頭のなかで繰り返し死の問題と接触しているうちに抱くようになった思いである。》(「死の意識」)

「公性としての死」とは戦争での「死」といったことが想起されているが、そもそも人間の死に「公性」あるいは「私性」という区別がつくのかという疑問はひとまず置く。

ここでは戦後日本(人)が自身の「安全と生存」を他国にあずけることで経済成長と物質的豊かさを享受してきたという、倒錯した「平和」自体が「私性の肥大化」を生み、そのような欺瞞的な「太平の幸せ」に抗するために「頭のなかで繰り返し死の問題と接触」することの意義が説かれているのである。この文脈において「死」は「私」個人の出来事でありながら、公として意味を帯びる。西部邁の思想的な要諦は、戦後の日本において極端に分離してしまった「公性」と「私性」を(戦前戦中においては「国のために生命を捧げる」という極端な状況があった反動からも)、国家主義や社会主義といったイデオロギーによってではなく、一人ひとりの個人が「私」であるとともに公性のある「国民」であるというコモンセンス（常識）を形成すべし、との主張であった。

《……健全な国民とはコモンマン（通常人、庶民）のことであり、そしてコモンマンは、リージョナル・コミュニティ（地域共同体）とそこにおけるコモンセンス（常識）にもとづいて、自分らの作った政府に（少々の猜疑を向けはするであろうが）おおむね信頼を寄せてかかるものだからである。ここでコモンセンスの「コモン」には二重の意味がある。空間的（社会的）には他者と価値や規範を共有するということであり、時間的（歴史的）には他者と判断力や決断力においておよそ共通するということである。》（『保守の真髄』）

「健全な国民」とは、この時空間のなかでバラバラな「個」として混沌（カオス）のなかを生きるのではなく、ひとつの空間（国土や地域）において何ほどか共通した価値観を持ち、そこに流れている時間（歴史や伝統や文化）の意味に自覚的であることを指す。しかし、戦後の日本人は、「平和」や「自由」や「民主」といった言葉の定義すら曖昧にしたまま（それ故に共通の「価値」や「文化」をほとんど生み出すことなく）、物質的なものへの欲望を肥大化させる「大衆」に、つまりはコモンセンスすらも形成できぬ烏合の衆になってしまった。

繰り返せば『死生論』はこの「私性の肥大化」状況にたいして、人間の実存の根源たる「死」を突きつけているのであるが、詩人のT・S・エリオットが第二次大戦前後に語った、生活の哲学も芸術もないような「全体主義的民主主義」(それは戦後日本、今日の日本そのものである)にたいして、もはや「自殺」の哲学以外にはあり得ないのではないかという危機の書なのである。したがって西部邁の『死生論』が『葉隠』とは違うのは、戦後という頽廃の時代と正面から対峙していくときに、そのクリティークの究極には、「自死」を予感しなければならないという事態である。『葉隠』の「常住死身」は「生き方」であるが、『死生論』の「劇薬」はほかならぬ書き手自身がソクラテスのように呷《あお》らなければならない。

《そうであれば、この弛んだ平和な時代、退屈至極といっても過言ではない飽食の時代のただなかになおも自殺の道を選ぶためには、ふだんから繰り返しそのことについて思考し表現して、自分をその道に駆り立てていく必要がある。こうなったらこういう死に方を選ぶ、そのための準備はこれこれであるというふうに、何度も自殺のことを想像し、そうすることによって自分の頭や体に自殺のイメージを教え込むということだ。》(「死の意識」)

五十五歳でこう明言した西部氏は、七十八歳で自裁するが、その間およそ二十余年、四半世紀近くもこの「自殺のイメージを教え込む」ことをしてきたことになろう。「死に方」についての会話は、したがって避けるべきではないといい、《事実、私は家内を相手にこうした実験を行っており、首尾はまあ順調ということになっているわけである》ともこの時点ではいっている。しかし、その後西部氏は最愛の妻を先に送らねばならないことになる。

本書第二部は、西部邁の晩年の著作『妻と僕――寓話と化す我らの死』と、『表現者』に連載した文章を単行本にした『生と死、その非凡なる平凡』からとった、「妻の死」をめぐるエッセイである。ここで西部邁の「自死の思想」はひとつの煉獄をくぐり抜ける。すなわち「死」を問うなかに「愛」という感情の普遍性がもうひとつの課題として現われてくる。

危機としての思想

『妻と僕』(二〇〇八年)は重症の癌の宣告を受けた妻との生活の日々を描いているが、この本はいわゆる「病妻もの」ではない。本書に収録したのは最終章であるが、妻とのこれまでの時間をたどりながら、男と女とは何か、夫婦とは何か、人生、名誉、孤独、祖国、故郷といった多様な拡がりをもつ思索が展開されているからである。十六歳のときに札幌の高校で出会い、西部氏が東京大学に入り全学連幹部として六〇年安保闘争の指導者となった歳月をはさみ、二十五歳で結婚して以来の「連れ合い」との時間(西部氏は、哲学者ハイデガーのZeitligungという言葉から、「時熟」つまり時が熟するという言葉を好んで使った)のなかから紡ぎ出された実生活の思想の記述といってもいいだろう。

実生活と思想、それはしばしば対立するものとして考えられがちである。肉体と精神、物質と観念、物と心など西洋哲学の二元論の（それこそが近代科学を生み出したのだが）影響を受けてきたわれわれは、「思想」という言葉に何か特別な抽象性や観念性を見出してきた。とりわけドイツ観念論（カント、ヘーゲル、マルクス等）は近代日本の哲学的思考に強い影響力をもってきた。しかし、西部邁はほとんど例外的にドイツ観念論の枠組にとらわれることがなかった。ある意味これは特筆すべきことであろう。そのかわりに本書に収録した「おわりに／生の誘拐が死を救済する」に明らかなように、西部氏はチャールズ・パースの実践主義《プラグマティズム》を自らの思考と言論の基底に置き、さらには行動の参考としてきたのである。

パースは、思想から信念に至るプロセスをデカルト的な心理ではなく、行動の規則としてとらえる「実践」を定式化しようとした。そこでは仮説を立てて、その仮説の形成を大切にすることで不完全な人間でありながらも真実に接近する道をひらくことである。仮説の検証と形成を、自らの知性だけではなく感情や意思をも論理化して行い続けること。西部氏は《だから、僕の人生は、知情意の論理化を、日常と非日常の両次元にわたる形で、やっていたということにすぎないのです。》という。

この西部流プラグマティズムの「人生」のなかで、妻の「死」への現実が避けられない具体として現れる。それはいいかえれば最も親しい「他者」の死という危機的な出来事である。この危機に直面し目の当たりにするなかから『妻と僕』が執筆されたのであり、五十五歳のときに発表した『死生論』での、あの「公」と「私」をめぐる「死の問題」(「自死の思想」)は、ひとつの新たな形を結びはじめる。

《本書で述べてみたのは、「死」のことをはじめとする、とくに社会思想の方面で文章を書く人々が常に触れることの少ない論題でありました。それからについての僕の思想を、自分の死にかかわらせて、寓話を語る調子で、書き連ねるという作業に着手してみたのです。(中略)妻も僕も、自らの生死がそうした類の御伽話の材料のなかに溶け込むことができれば本望であります。なぜといって、その種の御伽話こそが、自己の死における「死の意識」を人間についての上位の認識へと誘拐《アブダクト》してくれるはずだからです。》

死を前にした妻を看病しながら書かれた『妻と僕』は、そこに「自分の死をかかわらせ」ることでひとつの「寓話」ないしは「御伽話」にする、つまり本来的には「他者の死」でしかない現実を「自己の死」としても体験する試みであった。「死」はそもそも自己に到来すれば、それを意識することはできない。「死」とは永遠に「他者の死」としてしか感じられない。

《自分自身の死は、到来するという純粋な事実、つまり到来という事実性そのものにひとたび還元されたとき、あらゆる知識の息の根をとめてしまう、むさぼり尽くすような出来事だ。こうして、死は意識とかくれんぼを演ずる。わたしがいるところには死はない。そして死があるときにはわたしがもはやそこにはいない。わたしがいる間は、死は来るべきものだ。そして、ここにそしていま死が到来するとき、もはやだれもいない。二つのうち一つ、意識、あるいは死の現存在！　死と意識とは、スイッチの働きによるかのように、たがいを追いはらい、斥けあう。これら矛盾しあうものを累積することは不可能！　まったくのところ、二者択一は念入りに仕組まれている。》（ウラジミル・ジャンケレヴィッチ『死』仲沢紀雄訳）

この「死」の矛盾と不条理を乗り越えることは現実界にては不可能であるが、「意識」によって、つまりは「言葉」によって織りあげられた物語においては可能となる。そこでは否応なく「私性」が「知情意の論理」のなかに湧きあがってくる。この「私性」を無視することはできない。西部氏自身がいうように、《公心を披瀝するのが言論の本道》であるとすれば、《自分の私心を暴露したり他人の私心を探索したりする、というのは愚行であり醜態》である。しかし、「死の問題」に直面すれば、《私心と公心の折り合いがつかなくなる》。

西部流のプラグマティズムは徹底して、この「私」と「公」の「折り合いがつかなくなる」領域まで入って行き、そこで「死」を仮説（言葉）によって取り囲み論理化することを企てる。

《したがって「危機としての生」を渡りきるという意味で納得のゆく死に方を選ぼうとするなら、危機とは「公心と私心」の葛藤が極点に近づいていると意識することだ、と見定めておかなければならないのです。私心を描写したり解釈したりすることもまた公心のはたらきなのです。》

『妻と僕』は、「妻」という存在のなかに、「故郷」ともまた「祖国」とも名づけることができる感覚を見出してきた著者自身が、その「死相」を前にして、むしろ「自分の思想」そのものも全体が危機的に問われていることを表わした文章であり、このように「死」を問い詰めたものはやはり稀有といっていいだろう。そこでは、《自己の死における「死の意識」を人間についての上位の認識へと誘拐《アブダクト》してくれる》もの、すなわち「愛」がその根底に現われているのだ。

『生と死、その非凡なる平凡』で、映画『愛、アムール』が印象的に語られているのは、したがって偶然ではない。この一書は、死に瀕する妻と、そこに関わる自己をきわめて「論理」的に描いている。それは文学でいうところの私小説とは似て非なるものであり、ここでも「私性」と「公性」の対立と葛藤と調和が重要なモチーフとなっているのである。『生と死……』は、「死」の姿態を死にゆく者の意識の明滅のなかに描いたトルストイの名作『イワン・イリッチの死』とも比較したい文学作品としても読める。

社会科学の分野から出発した西部邁というアカデミシャンが、このような言論・表現の新たな領土を切り拓いていったことは驚くほかはない。社会科学者から思想家へ、西部邁は常に表現の領域を拡張していったが、そのプロセスを確認しておこう。

ニヒリズムの超克

西部邁の学者としての出発点はいうまでもなく社会経済学者である。『ソシオ・エコノミクス』（一九七五年）、『経済倫理学序説』（一九八三年）という著作を今日読むことができるが、そこで一貫して主張されているのは「経済学」が社会科学という専門性において「言語障害」に見舞われているということである。

《わが国におけるここに十年の経済学を鳥瞰してみたとき、最初の十年は理論派が、次の十年は実務派が、それぞれ相手を無視ないし軽蔑しつつ論陣をはってきたといってよいだろう。理論派は、公理から命題を導き、そして命題を検証するという科学の手続きにおいて、数理的および統計的思考を充満させた。それはとことんロゴスの営みだったのであって、数式と数量によって表わすことのできない経済的経験のミュートスはいわば誤差項として処理されてしまった。他方、オイル・ショック以降にわかに台頭してきた実務派は、現場情報に密着しながら、叙述的思考を全面に押し出している。彼らは経済的経験にかんする叙事風の語り部なのであり、ロゴスの繫がりはファクトの脈絡によって屈服させられている。そこでは事実が至高のミュートス（神話）に祭り上げられている気配である。》（『経済倫理学序説』「プロローグ」）

経済学は、本来「経国済民の術」ということであれば、人間や社会の総体に関わるのであり、関わらざるをえない。しかし現実には学問という名の専門主義のなかに入り込み、ディシプリン（学問分野）は各々のテリトリー（縄張り）をつくるのに忙しい。学問研究の限界を少壮の経済学者・

西部邁はくりかえし指摘する。そしてバラバラな状態にある個別の学問をトータルに解釈する方法論の必要性を説く。西部氏の遺著となった『ファシスタたらんとした者』に倣っていえば、ファシストすなわち「束ねる者」としての出発点は、まさにこの学者・学問に関わるところでの営為であった。《様々の音々の交響つまり様々の専門知の交流を指揮するのは、ほかでもない、解釈者のいわば全存在である。学者、教師、物書き、家庭人としての全存在であり、知覚者、感覚者、認識者、瞑想者としての全存在である。シンフォニイが妙なる音色を奏でるのは稀な例外だと知りながら、それでもなお、及ぶかぎりより広くより深く音々をつかまえようと努める知のプロセスが社会科学の解釈学なのだと思われる。》（同書）

学際研究に代っての、トランス・ディシプリナリー（超学的な態度）は、東大教授としての西部邁の学問への基本的アプローチであったが、現実のアカデミズムの体制内においてはほとんど実現不可能な理想であったことは容易に推察できるだろう（中沢新一氏の相関社会科学を実現するための助教授招聘の人事の破綻は、その意味では予想された帰結であったのではないか）。重要なのはむしろ社会経済学への内在的な批判と懐疑が、西部邁という「経済」学者を一個の思想家へと転進せしめることになったことだろう。

『経済倫理学序説』のケインズ論（「ケインズ墓碑銘」）において、経済活動を「経済人」というカテゴリーから解放して「確信と不安、希望と絶望そして勇気と臆病をともども抱いて試行錯誤している普通の人間たち」として捉えようとしたケインズを評価しつつ、次のような断を下している点は注目すべきである。

《期待要素を導入することによって、ケインズは経済学を物質の次元から精神の次元へ、あるいは自然の次元から文化の次元へ、移行させた。しかし、この移行は決定的に不満足なものであった、と私は思う。人間の欲望を物質的なものと精神的なものとに区別して、経済を前者にかかわるものとみなす点で、ケインズは旧態依然であった。また、人間の欲望が物質的なものから精神的なものへと発展していくという、欲望の段階的発達説を安易に採用していた点でも、俗説にしたがっていた。彼はあまりに〝経済学者〟でありすぎたのである。》

西部邁における「保守」思想が、この「経済学者」の解体、あるいはポストモダンの用語でいえば、脱構築によって発掘されていったことは改めて確認すべきだろう。ここで付け加えるならば、西部邁は近代経済学の領域を解体することで人間・社会・国家・宗教といった領域を総合的に考察し探求するために、歴史・伝統・慣習・文化という時間軸に沿って、それを構造的、記号論的、言語論的に解釈する「保守」思想へとその道を拓いていった。これに対比できる戦後日本における思想家を挙げるとすれば、それは吉本隆明であろう。吉本氏はマルクスの経済学・社会論を内在的に批判し解体するなかから、マルクスが展開できなかった「全幻想領域」、すなわち国家や宗教という共同幻想、家族や性という対幻想、そして個人（自我）という自己幻想の各領域をやはり総合的にかつ体系的に思索しようとした。西部思想が、国家―家族―自己という各次元の繫がりと連関を保守の立場から重要視したのにたいし、吉本隆明は「左翼」思想の立場から、これらの関係の対立と断絶を強調することになった。

西部思想においては、したがって『経済倫理学序説』のエピローグが「大衆への懐疑」と題されていることは、当然の成りゆきであった。戦後日本(人)が高度経済成長によって物質的な充足を「幸福」とし「平等」とする観念に浸潤されることで、「近代的大衆人」となっている現実へのクリティークである。「経済的思惟の繁茂」と「大衆文化の殷賑」がもたらした空虚な祭典――その戦後ニッポンの空洞は一九八〇年代に虚構の経済(八〇年代前半の対米貿易黒字によるジャパン・アズ・ナンバーワンと外国から礼讃されるような狂騒と、八五年のプラザ合意以降のアメリカの経済戦争による人為的な円高政策、そして内需拡大によるバブル景気)として現前化する。そこにヤヌスの双面のように現われるのはナショナリズム(国民主義)ではなく、ナショナルな価値を喪った戦後日本(人)の歪んだエスノセントリズム(自民族崇拝主義)にほかならない。『経済倫理学序説』はこのときすでに西部「保守思想」の狼火として立ちのぼったのである。

《日本主義の思潮が軽率であり危険でもあるのは、このような大衆社会への懐疑を忘れている点にある。大衆社会の異常発達にたいする歯止めとなりえていた個人主義や伝統主義やを取り外して、そこに日本的経営を挿入することにより、なるほど産業的および民主的の成功は成し遂げられたではあろう。しかしその成功は西欧の一面化にすぎないのかもしれないではないか。すでにアメリカはバークのいう伝統保守とド・トクヴィルのいう（貴族的）自由とを（建国の事情からしてすでにやむをえず）切除することで、西欧の一面化（もしくは過剰なヨーロッパ化）に陥っていたのだが、日本的経営なるものはそうした西欧のアメリカ化をさらに純粋培養するための容器だったのではないかと、私はときどき考えたくなる。それが太平洋戦争の敗戦によるものかどうか明確ではないけれども、日本が「大衆の天国」であるアメリカを模倣することによってたどり着いたところは「大衆の極楽」なのかもしれない。》

『大衆への反逆』などの著書で以後三十五年余り展開される西部邁の「保守」思想の要諦は、すでにここに確立されているといってよい。それは、ただ戦後の日本社会の状況のみならず、十九世紀末からの世界的な大衆社会状況、経済のグローバル化、テクノロジズムの異常な発展などの文明化が、ニヒリズムの様々な現象であることへの洞察と結びついている。

このニヒリズムとの対決のなかで、「自死の思想」が練られていったのである。

「死」と信仰

哲学者のニーチェが二十世紀を前にして語った予言――それは来るべき二世紀の世界を覆いつく

すのは、現代における最も不気味な訪問者、すなわちニヒリズム（虚無主義）の到来という現実だという。一世紀余りを経て二十一世紀の世界を見渡せば、ニヒリズムはさまざまな現象として顕在化している。テクノロジズム（延命治療はその端的な現象である）、経済のグローバリズム（カジノ化した資本主義による格差社会現象）、テロリズム（宗教の名をかりた抗争や戦争）、環境破壊（自然災害だけでなく「環境」を理由に「空気」までも国家や資本のマネー取り引きにする）、その他いたる所にニヒリズムは現れている。もちろんそれは現代にのみ現れるものではなく、人間の生と存在そのものにつねにつきまとう病理であるといってもよい。

《死の想念や観念が生活の外へと排除されていく現代にあっては、エラン・ヴィタールそのものが「死」の相貌を帯びるということだ。つまり生きながらにして腐っている、といいたくなるような生活を我らは「死」にたいしてますます鈍感でいることができるという具合になっている。そしてそのような生の腐敗は、現代において我らが専門人にしかなりえないということの当然の帰結である。専門人とは、ここでは、かならずしも職業上の分類のことではない。自分がいま携わっている事柄がその外部の世界といかなるかかわりにあるかについて無頓着を決め込む人間、それが私のいう専門人である。だから当然、専門主義的な知識人のみならず、単なるサラリーマンや単なる主婦もまた専門人であるということになる。「死」から遠のくことによって人は専門のなかに頽落し、また、専門への頽落が「死」からの距離をさらに大きくする。この相乗効果によって「生」の全体性にたいする気遣いが失われていくのである。》(『虚無の構造』)

生死の問題はもちろん個人の領域に属する。しかしハイデッガーのいうように「死」を見失った人間が「頽落」するのは、やはり近代文明の行きついた現代において顕著な出来事であろう。このような視点は当然のことながら、人間にとっての超越的な価値、すなわち絶対者や宗教的次元をどう捉えるかという更なる課題をもたらす。

西部氏においては宗教の問題をことさら「専門的」に語ることはなかったように思うが、人間とその社会や共同体の存立のなかにおける「宗教」の価値に関してはつねに注視していた。絶対者や超越的なるものの価値の重要さは、ヒューマニズムや生命至上主義が猖獗をきわめる現在において、決定的な重要性を持っていることをかねてから指摘されていた。

『思想の英雄たち　保守の源流をたずねて』という本があるが、西洋の近代主義(社会)を思想的に批判してきた西洋の知識人十五人を列伝的に論じた西部氏の姿勢のなかには、ギルバート・チェスタトンやセーレン・キルケゴール、T・S・エリオットあるいはヤスパースなどのキリスト教神学に根ざした近代批判の存在がふくまれていて興味深い。キルケゴールについては、大衆社会状況(ヨーロッパのキリスト教社会共同体もそのなかにどっぷりとつかっている)へのその根源的な神学の側からの批判に深い理解を示している。現代人と社会の「水平化」を嘆きそこに絶望的な人間のニヒリズム状況を見ていたキルケゴールへの共鳴を、次のように記していた。

《キルケゴールはこうした事態を「受難」とみなし、「見よ、神は待っておられるのだ。さあ、神の御腕のなかに飛び込まれよ」と問いかけていた。私のような、いつも宗教のことを気にしながら死ぬまで不信者であるほかはない人間にとって、キルケゴールの訴えは耳には入るが心の奥に達しはしない。しかし近代がはじまって五十年後に近代の堕落をこうまで的確にえぐり出した人物がいたということは、高度大衆社会の絶頂において戦ったり嘆いたりしている私にとっても大きな励ましであり慰めである。（略）だから、ふざけていうのではないのだが、私は信仰なるものの一歩手前まできているのかもしれないのである。》

この言葉は西部邁という思想家の根幹から出ているように思う。しかし、そのことを個人の「信仰」あるいは「宗教心」として内面的に語ることに対しては、西部氏は一貫して慎重というよりは、論理的な否を表明していた。超越的な価値や、絶対者の存在を論理的に想定することはしても、自らの信仰において「神」の存在を認めるといった姿勢にたいして拒絶的であった。これは当然のことながら、その自死の思想とも深くかかわる。

このことは、たとえばキリスト教が自殺を認めないといったこととは少し違う。そもそもキリスト教が「自殺」を禁じているというのは通説に過ぎない。たとえばローマ・カトリック教会とその倫理学は、アウグスティヌス以来、無条件に自殺を否定する立場をとってきた。しかし、聖書は自殺を禁じてはいない。聖書には、初代のイスラエスの王サウル、アブサロムに鞍がえしたダビデの軍師アヒトベル、そしてイエスを裏切ったイスカリオテのユダの三人の自殺者が登場するが、その死についての避難の言葉はない。律法的に、あるいは道徳的に自殺にたいする反論はないのである。

近代の西洋哲学に共通するのは、「生命」を倫理学のひとつの基底に置いていることである。J・S・ミル、ハーバート・スペンサー、コント、ニーチェ、アルベルト・シュヴァイツァーといった人々の哲学的倫理学に共通するのは、生きることの概念に合わせて形成されているところにある。ニーチェの「生への意志」にせよ、シュヴァイツァーの「生への畏敬」にせよ、その点では同じ基本的な方向をもっている。これにたいして、二十世紀最大のプロテスタントの神学者カール・バルトは、シュヴァイツァーのいうような「生を保持し、増進させるものは善であり、生を否定し、阻害するものは悪である」という生命を原理とした考え方とは異なる見解を示した。神と人間の関係、その歴史から見るとき、生きてあること、そのこと自体を自己目的とすることは間違いである。バルトは、生命は第二の「神」ではないという。なぜなら、被造物としての人間の命は、創造者たる神によって貸し与えられたものであり、それはそのような貸与物として尊重されることは欲しているが、それ自体が至上の倫理的の目的ではないからである。バルトは、自殺といえども、決してそれ自体赦されざる罪ではないという。人は時として自分の権利と自由の主張のために自らの「生命をとる」ことができる。しかし、そのとき人は自分自身の審判者となる。バルトは、その自らが神的な立場に立つ「自由」は、取り違えられたものであるという。いずれにせよ、自殺を無前提にキリスト教は否定はしない。

西部邁の「自死の思想」は、しかしこのような信仰的次元に関わること自体を退けている。キルケゴールの『死に至る病』は、人間において死ぬことが危機なのではなく、生きていることのなかでの「絶望」が死に至る病であるということだが、「死」自体はイエス・キリストの復活の秘蹟によって乗り越えられているという。キルケゴールに接近しながらも、西部思想はこの復活といった信仰的現象を捨象する。「信仰」というものがもしあるとするならば、それは信仰共同体（教会や盟約としての組織）における契約によって支えられているものであると判断する。西部氏の最後の著作となった『保守の遺言』では、信仰までは至らなくても、「仮説的信仰のための大前提への合意としての、カヴィナント（盟約）を形作りうると考えてきた。婚姻でいうと『最後まで相手を守ろうと努める』という盟約である」といっている。このような考え方は、極めて近代的な思考であることはいうまでもない。その「自死の思想」は、この意味では近代主義の病理と危機を批判し続けた西部邁という思想家が、それ故に同時に徹底的に「近代人」の出自のなかにあったことを意味している。そしてその逆説こそが、戦後日本においてほとんど独力で保守の思想を確立した西部邁の最大の魅力であるといってよい。

その自死は、公と私を美学的に融合させた三島由紀夫の自決とも、また芥川龍之介や太宰治あるいは江藤淳といった文学者の死ともまったく異なる。「妻」との「盟約」における仮説的信仰による心中であり、生命至上主義というニヒリズムに抗して、何らかの主張としての「死」ではなく、本人が語っていた言葉でいえばシンプル・デス（簡便死）としての能動的行為であったのではないか。文明の危機、すなわちわれわれの生命がテクノロジズムのなかでいたずらな「延命」を強いられ、遺伝子組み換えなどによって「死」そのものの真実すらも忘却されつつある今日、西部邁のシンプル・デスは、その人生哲学の具体的かつ説得力のある帰結であったと思われるのである。

出典目次一覧

『西部邁　死生論』日本文芸社刊　一九九四年一一月七日発行
はじめに
Ⅰ　死の意識
Ⅱ　死の選択
Ⅲ　死の意味
Ⅳ　死の誘惑
おわりに

『国民の道徳』扶桑社刊　二〇〇〇年一〇月三〇日発行
はじめに　用語解説
一章　歴史――道徳の歴史と日本の国柄
1　「江戸」以前の道徳
2　「明治」以降の道徳
3　日本は本当にヨコ社会である
二章　戦後――敗戦日本人の道徳に何がおこったのか
4　天皇は「聖と俗」の境界に立っている
5　戦争責任をめぐる道徳論の歪み
6　祖国のために戦うということ
7　「民主」憲法の不道徳
8　米ソの歴史軽視に擦り寄った戦後知識人
三章　政治――道徳を傷つけた「アメリカ的なるもの」
9　個人の「何が」尊厳に値するのか
10　自由が道徳を破壊する
11　道徳を砕く進歩の歯車
12　自由の虚妄、平等の欺瞞、博愛の偽善
13　マスメディアが第一権力を掌握した
14　権威を足蹴にする大衆人
15　健全なナショナリズムが指導者の条件
四章　文化――道徳の本質を考える
16　伝統の本質は平衡感覚にあり
17　「公と私」のドラマが国家意識を産み出す
18　歴史の良識こそ国民のルールである
19　徳育のための知育――国語・歴史・古典的な道徳を学ぶ
五章　経済――道徳なきグローバリズム
20　地球市民という幻影
21　国家の不在が「市場の失敗」を作り出す
22　組織は道徳に支えられる
23　技術が環境に襲いかかる
六章　社会――我々は道徳を取り戻せるのか
24　「豊かな社会」の貧しさ
25　「物神」に憑かれた欲望
26　輿論の道徳、世論の不道徳

27　「恥の文化」を壊す大衆社会
28　春を売るなかれ、人を殺すなかれ
29　家庭は社交場である——親が子に伝えるべきこと
30　地域社会は道徳の訓練場である
31　死生観が道徳を鍛える
おわりに

『ファシスタたらんとした者』中央公論新社刊　二〇一七年六月一〇日発行
1　「敗北」を目の当たりにした少年の「鬱勃たる憂鬱」
2　社会に快楽で誘われ苦痛を与えられた少年は蛹のなかに入った
3　背信を受ける肌触りと背徳を為す手触り
4　愚かでも若ければ細い綱を知らぬ間に渡ってしまう
5　連合赤軍事件を契機に大衆批判に「起ち」、外国の地で保守擁護に「惑わなかった」
6　時台錯誤を承知の上での相対主義の峻拒
7　東大と喧嘩し、マスコミと政治に触れ、そして知らされた批評家の立場
8　自死への思い、雑誌の発刊そしてAUMとの擦れ違いに思い知らされた「状況」の際疾さ
9　大東亜戦争の戦跡をたずね、犠牲の死者たちとの「交話の歌」を妻と心身に迫る危機を察しつつ、心中でうたいつづけた
10　テロリストの味方と呼ばれるにつれ深まりゆくテロ（恐怖）への理解
11　『マニフェスト』の流行をみて世間の陥る愚昧には底がないと知る
12　世界大戦の足音を聞きながらナチ・ファッショを夢想する
13　世界大戦の足音を聞きながらナチ・ファッショを夢想する（続）
14　「自分の死」としての「連れ合いの死」そして「死相の世界」のなかでの「エッセイイストの末期」
15　実在への省察、実践への冒険、近代への懐疑、保守への模索、それらをエッセイ（試論）で束ねるのがファシスモ
結語に代えて——一天皇論
二信仰論
あとがき

『妻と僕　寓話と化す我らの死』飛鳥新社刊　二〇〇八年七月二六日発行
Ⅰ　生と死　永劫と刹那が応答している
Ⅱ　女と男　言葉におけるかくも絶大な隔たり
Ⅲ　金銭と名誉「美田」を「高楊枝」で歩く
Ⅳ　孤独と交際　煉獄にも愉快がないわけじゃない
Ⅴ　幼年期と老年期　三つ子の魂は百まで生きる
Ⅵ　異邦と祖国「何か」が瀆神のあとにやってくる
おわりに／生の誘拐が死を救済する

『生と死、その非凡なる平凡』新潮社刊　二〇一五年四月二五日発行

合理主義という名の虚無
霊魂は有りや無しや
素人賭博の末路
信頼おくあたわざる顔と声
数理教の魅力
空飛ぶ人の情け
懲りない面
特攻帰りの共産党員
得るも与えるもなき望郷の念
叫びつづけた伯母
インティファーダ、今も消えやらず
半世紀前、樺美智子が死んだ
ラン・アモクの夏
軍歌は日本列島の伏流水
グリンゴに犯されし人々
残食めがけて走った東大生
キヨシさんの旅姿
バラック列島の今昔
命のキョトンとした戯れ
在日「関勇《せきいさむ》」よ、あの節は本当に有り難かった
シンフェーンの覚悟
ペリリュウで聞いた警蹕《けいひつ》
祖母の写真
昭和二十一年十二月某々日の兄貴
大岱《おんた》でみた優曇華《うどんげ》の花
原色に還元されるのか、具体の世界は
早めに老いてしまった青春
「私は悪い人だ」
心地よかった体罰
正気と狂気のあいだを渡った人
死に逝く動物たち
最も滑稽なのは最もやり甲斐のあること
哄笑することのできなかった父
田園の滑稽
泣くに泣けない兆民夫婦の悲惨
「学問とは連れ合いの看病のこと」なのか
伯父と父親との馬鹿気た諍い
「オトウサンの鼻水」
「殺して、ころして、コロシテ」
「みんな死んでしまった」
あとがき

富岡幸一郎（とみおか・こういちろう）
1957年東京生まれ。文芸評論家。関東学院大学国際文化学部比較文化学科教授、鎌倉文学館館長。中央大学文学部仏文科卒業。第22回群像新人文学賞評論部門優秀作受賞。西部邁の個人誌『発言者』（1994～2005）、後継誌『表現者』（2005～2018）に参加、『表現者』では編集長を務める。
著書『戦後文学のアルケオロジー』（福武書店、1986年）、『内村鑑三 偉大なる罪人の生涯』（シリーズ民間日本学者15：リブロポート、1988年／中公文庫、2014年）、『批評の現在』（構想社、1991年）、『仮面の神学――三島由紀夫論』（構想社、1995年）、『使徒的人間――カール・バルト』（講談社、1999年／講談社文芸文庫、2012年）、『打ちのめされるようなすごい小説』（飛鳥新社、2003年）、『非戦論』（NTT出版、2004年）、『文芸評論集』（アーツアンドクラフツ、2005年）、『スピリチュアルの冒険』（講談社現代新社、2007年）、『千年残る日本語へ』（NTT出版、2012年）、『最後の思想　三島由紀夫と吉本隆明』（アーツアンドクラフツ、2012年）、『北の思想　一神教と日本人』（書籍工房早山、2014年）、『川端康成　魔界の文学』（岩波書店〈岩波現代全書〉、2014年）、『虚妄の「戦後」』（論創社、2017年）。共編著・監修多数。

西部邁《にしべすすむ》　自死《じし》について
2018年5月15日　第1版第1刷発行

編著者◆富岡《とみおか》　幸一郎《こういちろう》
発行人◆小島　雄
発行所◆有限会社アーツアンドクラフツ
東京都千代田区神田神保町 2-7-17
〒101-0051
TEL. 03-6272-5207　FAX. 03-6272-5208
http://www.webarts.co.jp/
印刷　シナノ書籍印刷株式会社

落丁・乱丁本はお取り替えいたします。
ISBN978-4-908028-28-1　C0095